人 - 货 - 场：

数字沟通的情感流量

赵瑜佩　著

CFP 中国电影出版社
2022 · 北京

图书在版编目(CIP)数据

人-货-场：数字沟通的情感流量：英、汉 / 赵瑜佩著. —北京：中国电影出版社，2022. 1（2023.4 重印）
ISBN 978-7-106-05380-2

Ⅰ. ①人… Ⅱ. ①赵… Ⅲ. ①网络营销—研究—英、汉 Ⅳ. ①F713. 365. 2

中国版本图书馆CIP数据核字(2021)第273442号

责任编辑：杜若冰　宋　楠
装帧设计：联创睿合
责任校对：林　娜
责任印制：赵匡京

出版发行　中国电影出版社(北京北三环东路22号)　邮编：100013
电话：64296664（总编室）　64216278（发行部）
64296742（读者服务部）　E-mail：cfpbjb@126. com

印　　刷　中国电影出版社印刷厂
版　　次　2022年3月第1版　2023年4月北京第2次印刷
开　　本　710mm × 1000mm　1/16
印　　张　11.75
字　　数　200千字
定　　价　68.00元

序言

当代社会的发展和进步正在引发巨大的变化。这种变化以不同的方式向我们呈现出来，不仅全方位地影响当代人的日常生活，而且以某种方式影响和改变着我们的价值观，并促使我们思考人与人交流的价值和意义。前段时间影响美国加州的极度寒冷和暴风雪灾害，以及持续一年半的新冠肺炎疫情，种种社会性的问题，值得学者们认真研究和思考。在当代社会纷繁复杂的乱象中，情感在人际交流方式中的地位和作用方式的改变已经引起了许多敏锐学者的研究和思考。

丹尼尔·贝尔在《资本主义文化矛盾》一书中分析了资本主义社会的文化矛盾。在资本主义生产方式条件下，社会文化呈现为二元对立的分裂性状态。一方面是斤斤计较、唯利是图的物质主义和功利崇拜。经济学是基本的理论形态，物质主义和功利崇拜其价值原则是排斥个人化的情感。另一方面，浪漫主义文化通过想象力的机制，把个体的存在从世俗性的物质生活中割裂出来。通过陌生化的机制，浪漫主义文化创造出一个远离尘嚣的神圣的完美世界。在这里，人类的情感和想象的方式实现了自己的自由和对现实世界的反抗。丹尼尔·贝尔还明确地指出，资本主义文化上述两个方面虽然彼此矛盾而且尖锐对立，但却是一个彼此依存的矛盾统一体。特别值得注意的是，随着新技术革命的发展和新经济时代的来临，资本主义文化结构中彼此矛盾和对立的两个方面开始相互融合，在当代电影和当代艺术中，我们看到技术和物质性正起着越来越重要的作用，例如好莱坞大片对技术的依赖和崇拜是在华兹华斯的时代完全无法想象的。我们也十分欣慰地看到，在经济和物质性的领域，情感正在成为最重要的力量。赵瑜佩的这本专著《人–货–场：数字沟通的“情感流量”》正是从交换方式的角度研究了正在发生的社会性变化，这种变化也许具有革命性的意义。

《人–货–场：数字沟通的“情感流量”》分为三个部分，分别是概念与成果、政策与形势、实证与探索，对直播带货这种新的交换方式做出了初步的研究和分析，一些分析和判断是令人深思的。虽然赵瑜佩老师的研究还基本局限在传播学的范围内，但是她对新的社会现象的敏感，熟练的当代学术研究方法，以及对复杂的权力关系的解析却引起了我很大的兴趣和深入的思考。我相信，赵瑜佩在直播带货这个现象的初步分析中所提出的问题会引起更多不同学科学者的兴趣并引起相关的研究。

在当代社会，情感问题以及情感结构的研究正在成为多个人文学科和社会科学甚至自然科学共同关注的焦点。在美学领域，审美的革命已经成为当代美学的重要概念，通过情感结构的改变而改变社会已经成为一种重要的社会性的力量。在这种背景下，深入研究数字化时代和“情感流量”就具有了人类学的意义。当然，这只是我的个人看法。

是为序。

王杰

（王杰为教育部“长江学者”特聘教授、浙江大学求是特聘教授、浙江大学人文学部副主任）

2021年4月7日 杭州紫金港

导言

随着直播带货的快速发展，直播带货领域各种不规范的行为甚至乱象也逐渐暴露出来。我国目前已经发布了一系列针对直播带货的地方扶持政策和发展计划（方案），相关企业和平台也推出了各种措施和办法来推动直播带货行业发展，并针对直播平台、直播商家企业、主播、MCN①机构、消费者、商品等经济主体和物流外包管理等经济行为做出了规定，以此来营造良好的市场消费环境，促进网络直播营销业态的健康发展。这一类型的政策和规范性文件的发布从经济市场规范需求和直播带货行业发展方向上来看具有历史必然性。此外，在这期间，领导干部直播带货活动纷纷涌现，很多县长、县委书记等领导干部参与到政府或企业举办的直播带货活动中去，例如快手“百城县长、直播助农”活动，领导干部走进淘宝618电商直播间，“湖北重启，抖来助力”直播带货活动，等等。

本书列举了不同主体的直播带货，分析、探讨了政府、平台和主播之间的身份认同、创作劳动和名人化治理。总的来说，“直播带货”不仅仅是新的商业营销工具、谋生工具，同时也促进部分人群在社会分层中向上流动，在此过程中，情感不仅仅成了流量交易的货币符号，情感结构的改变也改变了时空关系，甚至可能改变作为“表演”主体的“人”的身份与劳动形象。可以说，这是数字沟通中基于流量需求产生的新的互动型的“蜜糖的想象”，一种基于新情感方式带来的新数字生

① MCN（multi-channel network），即多频道网络，是一种新的网红经济运作模式。

存方式。本书希望从新情感方式为未来进入本研究领域甚至更为广阔的数字文化研究领域的同行提供一定的历史数据和思考。

本项目的数据搜集和撰写恰逢2020年初刚刚结束居家隔离，非常感谢我的父母愿意陪着我去县城里采访搜集数据，非常感谢我的学生吕晋扬、杨丹、叶莹莹、陈扁舟等在疫情之下面对数据搜集的困难仍热情不减，学生柳回等一起把本书中部分采访对象拍摄制作成纪录片，愿他们未来在各自学习工作中一切顺心如意。最后，感谢我的学院（浙江大学传媒与国家文化学院）给予出版经费的支持。

目录

~第一部分~

概念与成果

~第二部分~

政策与形势

~第三部分~

实证与探索

~第一部分~

概念与成果

直播电子商务（live streaming e-commerce）具有实时交互（real-time interaction）、动态内容支付（dynamic content delivery）、精确传播（accurate communication）、高成交额（gross merchandise volume，GMV）转化率和低成本等独特优势。直播不仅可以促进在线购物的真实性、可视化和交互性，还可以满足消费者更加细节化和垂直化的需求。而淘宝的CEO称，直播将成为主流电子商务模式。

网红带货、直播带货、直播电商等相关主题受到了传播学、管理学、社会学、市场营销学、心理学研究者关注，直播电商带来的社会流动形式的迭代引起了学者的关注与研究。

王佳航等以场景传播概念作为切入视角，研究认为直播间主播通过展演、临场与陪伴三种策略进行场景营造，直播间场景则通过建构情感动员机制、塑造时空关系与链接虚拟社群发挥作用影响用户。研究提出直播带货本质是场景时代下重构了人、货、场关系的精准营销模式。燕道成等以批判性的思维对电商直播的视觉景观与意义构建进行思考。研究认为电商直播通过还原线下店铺场景、虚构线上社交场景、合并前后台景观建构了新视觉文化景观。消费者在身份建构与认同过程中，受到趋同与求异行为的身份区分、经济社会地位的身份区分的刺激，沉湎于符号化的身份认同与商品价值。消费者看似掌握了电商直播消费的主动权，实则陷入了视觉权博弈、主体权争夺与受众权分化的陷阱。研究注意到电商直播审美偏向、无序消费、隐私泄漏、技术控制等问题，对此进行价值反思。喻国明等从媒介属性迭代角度对直播电商的发展逻辑与动力模型进行了考察。研究认为直播电商纵向发展的本质是情感制造要素下媒介场景的升级与互动仪式的重塑，横向发展实现了产业链终端平台、供给、需求三方主体协同的资源整合。研究认为主播成为建立信任纽带、实现流量变现的重要节点，圈层文化实现了直播平台的迭代分化，成为推动直播电商发展的动力模型。直播电商社会临场感与情绪共振的构建弱化了交易关系，强化了情感链接，满足个体的归属感需求，实现了电商直播的媒介化升级。

而围绕直播电商展开的研究多以实践应用导向为主，在微观层面对消费者行为及其影响因素展开量化研究，为电子商务运营提供建议以改善直播的成交额转化率。

Yu基于参与式文化（participatory culture）和社会影响理论（social impact theory）的理论框架对中国大陆的网红直播电商模式的特点及其对用户购物偏好和行为的影响进行研究。[①]Ding，Tang和Wei基于注意力经济（attention economy），在宏观层面上解释为何出现网红经济以及企业为何选择网红参与商业活动，并在管理学层面为“电子商务+直播”（e-commerce + live streaming）模式提出结构化的建议。他们认为“电子商务+直播”的商务模式有三个不可或缺的部分：引流（network traffic attracting）、粉丝互动（fans interaction）和电子商务改革（e-commerce transformation）。他们注意到该模式在内容质量、主播（anchors）的专业能力[②]、产品及服务质量、主播粉丝量和规范程度（regulation of the mode）[③]方面存在着瓶颈，并在此基础上提出企业应当重视直播的内容质量、选择合适的主播并培养自有的独家（exclusive）主播。

而大多数相关研究则以微观个体为研究对象，使用不同的理论框架

① 该论文仅作为课程成果出现在网络上，并未发表，因而不在此赘述。

② 具体指主播展示产品或服务的能力。

③ 作为一种新的电子商务模式，该模式的规范仍不完善、监管有待加强。

对直播用户参与度、购买意向展开实证研究（Cai & Wohn，2019；Hu & Chaudhry，2019；Sun et al.，2019；Wongkitrungrueng & Assarut，2018），探索相关影响因素，以期提高直播的商品转化率。

Wongkitrungrueng和Assarut对直播的客户感知价值（customers' perceived value）、顾客信任和顾客参与之间的关系进行了考察。研究发现符号价值（symbolic value）可以间接通过信任和直接影响顾客参与，而使用价值（utilitarian values）和享乐价值（hedonic value）则只能间接影响顾客参与。Hu和Chaudhry则基于刺激—机体—反应（stimulus-organism-response）模型发展出综合了关系纽带（relational bonds）、情感承诺和顾客参与的概念框架，并对其进行检验。研究发现关系纽带中的社会纽带（social bonds）和结构纽带（structural bonds）对消费者参与有直接和间接的影响，而财务纽带（financial bonds）只是间接地通过情感承诺影响顾客参与。Sun等人在综合考虑直播购物环境技术特征和顾客参与的情况下研究了顾客的购买意向。他们从IT可供性（information technology affordance）的视角建构了直播如何影响中国社交平台上消费者购买意向的理论模型。结果显示，信息技术可供性（可视化可供性，visibility affordance；元声音可供性，metavoicing affordance；导购可供性，guidance shopping affordance）对顾客参与有显著影响，并且与顾客购买意向正相关。Cai和Wohn在U & G（uses and gratification；使用与满足）框架下研究直播购物顾客的动机与行为。该研究确定了四种动机：沉浸互动（enjoyment of interaction）、替代试用（substitutability of personal examination）、社交需求（need for community）和紧跟潮流（trend setting）。并在三种不同观看场景下探讨了动机与行为之间的联系，对直播平台的开发设计提供了理论支持。韩箫亦考察了电商主播属性对消费者在线行为意向的作用机理。研究证实电商主播属性对消费者内在状态以及消费者内在状态对其在线行为意向具有直接的影响作用，消费者内在状态在电商主播属性影响消费者在线行为意向过程中起到了中介作用，情境因素能够增强消费者内在状态与其在线行为意向之间的正向关系。

接下来，此部分将从“云交易”“短视频”和“流直播”三个方向回顾国内外重点研究成果。

第一章

“云交易”：电子商务中的乡村、经济与规制

第一节　国外研究

国外对“电子商务”的文献研究主要关注了中国农村电商的发展、电子商务的经济可持续性问题、女性在电子商务中的角色以及电子商务的平台治理和法律规范等问题。在农村电商方面，当前已有研究主要从中国农村电商的发展现状、电商对农村经济发展的影响以及政府在农村电商发展中发挥的作用等方面开展。①②③针对电子商务的经济可持续性问题，研究者探讨了电商平台吸引和维持用户的各种风险因素，并对淘宝村的产业升级提出了建议④⑤。关于女性在电子商务中的角色探讨，目

① Li Anthony H. F. E-commerce and Taobao Villages：A promise for China's rural development？ [J]. China Perspectives，2017（3）：57-62.doi：10.4000/chinaperspectives.7423.

② Huang Bihong，Shaban Mohamed，Song Quanyun&Wu Yu.E-commerce development and entrepreneurship in the People's Republic of China[J].ADBI Working Paper，2018（827）.http：//hdl.handle.net/10419/190248.

③ Tang Weicheng&Zhu Jin.Informality and rural industry：Rethinking the impacts of E-commerce on rural development in China[J].Journal of Rural Studies，2020，75：20–29.doi：10.1016/j.jrurstud.2020.02.010.

④ Chang Younghoon，Wong Siew Fan，Libaque-Saenz Christian Fernando&Lee Hwansoo.E-commerce sustainability：The case of Pinduoduo in China[J].Sustainability，2019，11（15）：4053-4075.doi：10.3390/su11154053.

⑤ Li Anthony H. F. E-commerce and Taobao Villages：A promise for China's rural development？ [J]. China Perspectives，2017（3）：57-62.doi：10.4000/chinaperspectives.7423.

前文献关注了女性作为生产者、销售者和消费者在个人层面上对通讯技术和数字经济的性别体验，同时指出了女性在电子商务中的活动仍然受到文化规范和父权结构制约的现实①②。在电子商务的平台治理和法律规范问题上，学界讨论了电子商务的平台治理特征以及互联网和电子商务立法活动中存在的协商专制主义③④。

对于中国农村电子商务发展状况的研究很大程度上关注了淘宝村电子商务的发展对当地经济生活的影响。如Anthony H.F.Li通过对淘宝村形成过程的分析得出了农村电子零售商的兴起改善了淘宝村经济生态的结论。Haiqing Yu和Lili Cui也认为电子商务的发展在农村和欠发达社区的减贫和社会经济发展中发挥了关键作用。另外有学者采用更严谨的数据分析的方法呼应了这一观点。如Bihong Huang，Mohamed Shaban，Quanyun Song和Yu Wu利用大数据构建的电子商务发展指标衡量了中国各县电子商务发展的变化，并评估了其对农村和城市创业的影响。结果发现电子商务在城市和农村地区都大大促进了创业精神。⑤由此Bihong Huang等人倡议政府应该鼓励电子商务的发展，将其融入当地经济，并利用它来升级产业结构。然而，另一些学者却采取了更谨慎的态度。如Weicheng Tang和Jin Zhu在对地方政府官员、村干部和龙头企业企业家

---

① Meng Bingchun&Huang Yanning.Patriarchal capitalism with Chinese characteristics：Gendered discourse of ‘Double Eleven’ shopping festival[J].Cultural Studies，2017，31（5）：659-684.doi：10.1080/09502386.2017.1328517.

② Yu Haiqing&Cui Lili.China’s E-commerce：Empowering rural women？[J].The China Quarterly，2019，238：418-437.doi：10.1017/S0305741018001819.

③ Hong Yu&Xu Jian.Toward fragmented platform governance in China：Through the lens of Alibaba and the legal-judicial system[J].International Journal of Communication，2019，13：4642–4662.

④ Deng Jinting&Liu Pinxin.Consultative authoritarianism：The drafting of China’s Internet Security Law and E-commerce Law[J].Journal of Contemporary China，2017，26（107）：679-695.doi：10.1080/10670564.2017.1305488.

⑤ Huang Bihong，Shaban Mohamed，Song Quanyun&Wu Yu.E-commerce development and entrepreneurship in the People’s Republic of China[J].ADBI Working Paper，2018（827）.http：//hdl.handle.net/10419/190248.

以及中小型车间所有者进行半结构化访谈和对相关文件进行审查的基础上，指出浙江省温岭市泽国镇当地鞋类行业的快速增长是淘宝带来的资本壁垒降低的结果。同时，进一步指出除了容易发现的环境污染和公共安全问题外，更深层次的问题是，电子商务引起和加强的工业的“非正规性”（未经授权的房屋出租、不受管制的劳动力市场和公共空间的非正式占用），正在破坏当地工业升级的进程，并可能导致工业退化。[①]总之，农村电商的发展促进了淘宝村的经济繁荣是学界的共识。然而，通过发展电子商务催生的农村社会转型会对淘宝村当地的社会结构和社区文化产生什么样的影响是需要进一步讨论的问题。

关于电子商务的经济可持续性，有研究通过调查促使用户在拼多多体验后返回其他电商平台的行为和原因得出电商平台应该通过稳定平台管理，努力在用户中诱导积极的态度并且消除各种潜在风险，包括用户感受到的心理和社会风险等方法，来增强消费者应对变化的抵抗力。[②]针对淘宝村的经济可持续性，目前的研究结果却不容乐观。如Anthony H.F.Li认为产品同质化、店铺竞争激烈而且缺乏创新以及公共领域基础设施薄弱的现状导致了淘宝村电子商务活动的发展正面临着产业升级的迫切需求。[③]

就电商背景下的女性角色，有研究探讨了中国农村电子商务、创业精神与性别的关系。如Haiqing Yu和Lili Cui通过访谈和参与式观察进行了案例研究，发现农村妇女通过参与电子商务获得的经济能力有助于改善她们的经济和社会从属地位。但农村妇女的经济能力并不一定转化为文化和政治赋权。就目前来看，她们获得数字技术和参与电子商务行业

---

① Tang Weicheng&Zhu Jin.Informality and rural industry：Rethinking the impacts of E-commerce on rural development in China[J].Journal of Rural Studies，2020，75：20–29.doi：10.1016/j.jrurstud.2020.02.010.

② Chang Younghoon，Wong Siew Fan，Libaque-Saenz Christian Fernando&Lee Hwansoo.E-commerce sustainability：The case of Pinduoduo in China[J].Sustainability，2019，11（15）：4053-4075.doi：10.3390/su11154053.

③ Li Anthony H. F. E-commerce and Taobao Villages：A promise for China’s rural development ？ [J]. China Perspectives，2017（3）：57-62.doi：10.4000/chinaperspectives.7423.

的行为并没有克服性别不平等的现象。[①]一些研究则讨论了当代中国消费主义的性别歧视话语。如Bingchun Meng和Yanning Huang通过对购物海报的分析，指出了"双11"的话语实践将社会生活中的多重女性角色还原为消费者的单一角色。Bingchun Meng和Yanning Huang认为消费主义所倡导的对传统性别分工的回归否定了社会主义中国在性别平等方面取得的进展。[②]

在电子商务的法律规范方面，目前有研究批评了中国电子商务的平台治理和立法规范的问题。如Yu Hong和Jian Xu通过对阿里巴巴相关诉讼的分析，揭示了一个以平台豁免为特征的平台治理模式。他们指出平台在处理第三方内容和行为时免于法律风险，而平台的这一安全港角色恰恰限制了平台对用户活动的责任。甚至提出了阿里巴巴的繁荣取决于平台豁免的观点。[③]而另一项研究则直指互联网和电子商务的立法规范问题。Jinting Deng 和 Pinxin Liu通过对法案起草参与者的访谈和对法律草案的内容分析，将中国网络安全法和电子商务法的起草进行了比较研究；结果指出，后者的起草系统有利于实质性谈判和沟通，而前者却否定了这些过程。他们认为，这种差异是以制度为基础的，代表了中央对立法过程的间接控制。[④]总体来看，中国法制对电子商务发展的鼓励与支持是显而易见的，这取决于电子商务对中国经济发展尤其是在扩大内需和刺激消费方面的贡献。可以理解的是，立法活动作为上层建筑为电

① Yu Haiqing&Cui Lili.China' s e-commerce：Empowering rural women ？ [J].The China Quarterly，2019，238：418-437.doi：10.1017/S0305741018001819.

② Meng Bingchun&Huang Yanning.Patriarchal capitalism with Chinese characteristics：Gendered discourse of 'Double Eleven' shopping festival[J].Cultural Studies，2017，31（5）：659-684.doi：10.1080/09502386.2017.1328517.

③ Hong Yu&Xu Jian.Toward fragmented platform governance in China：Through the lens of Alibaba and the legal-judicial system[J].International Journal of Communication，2019，13：4642–4662.

④ Deng Jinting&Liu Pinxin.Consultative authoritarianism：The drafting of China' s Internet Security Law and E-Commerce Law[J].Journal of Contemporary China，2017，26（107）：679-695.doi：10.1080/10670564.2017.1305488.

子商务发展这一经济基础服务是符合立法需求和社会发展规律的。同时我们也应该看到政府对规范互联网行为在法制层面的努力。

第二节 国内研究

目前对“电商”的文献研究，主要集中于电子商务模式、物流管理、跨境电商、农业电商和电商网红等领域。在电子商务模式方面，目前研究主要包括电子商务商业模式的变迁动力及其演化过程[①]、效益与趋势探讨[②]。也有学者针对其中一种商业模式进行深入探究，尤其是对当下流行的O2O模式的特征分析[③④]已较为成熟。在电商物流管理方面，目前研究主要涉及我国物流企业成本控制的现状与存在的问题[⑤]、电商物流企业服务能力评价体系构建研究[⑥]以及对物流难度挑战较大的生鲜农产品电商物流配送模式研究[⑦]。在跨境电商方面，目前研究主要包括跨境零售进口电商市场发展状况研究[⑧]和跨境电商支付平台发展现状研究[⑨]。此

① 金祥荣、陈文轩：《从“竞食”到“协同”：我国电商发展模式变迁的动力分析》，《浙江社会科学》2018年第3期，第23-34、156页。

② 祁明、孙中涛：《中国电子商务商业模式的演化、效益与趋势探讨》，《管理现代化》2017年第37（01）期，第12-14页。

③ 陈红华、徐芬、徐涛：《O2O背景下实体零售商商业模式优化》，《中国流通经济》2018年第32（01）期，第12-19页。

④ 郭馨梅、施珊珊：《电商渠道与实体零售渠道融合发展的主要模式与对策》，《商业经济研究》2017年第4期，第13-16页。

⑤ 寇飞：《电商环境下我国物流企业成本控制问题探讨》，《商业经济研究》2017年第14期，第101-103页。

⑥ 刘玉琼：《电商物流企业服务能力评价体系构建研究》，《商业经济研究》2018年第21期，第82-84页。

⑦ 陈哲、邓义、胡玲燕、祁华清：《生鲜农产品电商物流配送模式研究》，《商业经济研究》2018年第14期，第103-106页。

⑧ 管荣伟：《我国跨境零售进口电商市场“去跨境化”现象解析》，《中国流通经济》2017年第31（05）期，第73-79页。

⑨ 龚榆桐、李超建：《中国跨境电商支付平台发展现状、问题及应对策略》，《对外经贸实务》2018年第11期，第29-32页。

外，农业电商的发展情况[1][2][3]和电商网红的发展背景及社会影响[4]也受到学者的较多关注。

在电子商务发展模式演进方面，一些学者认为“协同模式”和“新零售”的落地代表着我国电商行业发展的新形势、新业态，电子商务O2O模式很有发展前景。金祥荣和陈文轩指出“面对线上流量增长的逐渐放缓，以及原有模式导致的发展瓶颈，电商企业需从线上走向线下，通过互联网技术实现线上线下产品、品牌、支付、体验等的融合”[5]。郭馨梅和施珊珊也认为线上线下“融合发展、各取所长，是消费者需求日益多样化、个性化背景下的必然选择”[6]。此外，陈红华等人指出“这种融合是企业内部与外部资源的整合与转变，其实质是商业模式的调整和优化，即企业为应对互联网带来的环境变化，迎合消费者多样化需求，通过优化商业模式来提供更为有效的供给，达到新的供需平衡”[7]。

在对电商物流管理的讨论中，目前文献很大程度上关注了现存物流模式的发展情况和服务评价情况。寇飞指出，物流企业选择与自身经营相适应的物流配送模式有利于提高效率、降低成本和提高用户的满意度。[8]陈哲、邓义、胡玲燕和祁华清认为，当前物流配送模式依旧存在

---

① 潘劲平、王艺璇：《技术的社会嵌入：农产品淘宝村形成机制研究——基于W村的实证分析》，《西南大学学报（社会科学版）》2020年第46（01）期，第61-68页。

② 刘承昊：《乡村振兴：电商赋能与地方政府外部供给的困境与对策》，《西北农林科技大学学报（社会科学版）》2019年第19（04）期，第122-130页。

③ 杨晓玲：《“互联网+”战略下我国农业电商发展对策》，《改革与战略》2017年第33（06）期，第113-115页。

④ 宋红梅、戚宇菡、刘彦希：《自我构建与社交娱乐中的消费意见领袖——电商网红的文化解读》，《当代传播》2018年第1期，第82-83、89页。

⑤ 金祥荣、陈文轩：《从“竞食”到“协同”：我国电商发展模式变迁的动力分析》，《浙江社会科学》2018年第3期，第23-34、156页。

⑥ 郭馨梅、施珊珊：《电商渠道与实体零售渠道融合发展的主要模式与对策》，《商业经济研究》2017年第4期，第13-16页。

⑦ 陈红华、徐芬、徐涛：《O2O背景下实体零售商商业模式优化》，《中国流通经济》2018年第32（01）期，第12-19页。

⑧ 寇飞：《电商环境下我国物流企业成本控制问题探讨》，《商业经济研究》2017年第14期，第101-103页。

诸如“跨区域信息不畅通、成本高、标准化和保鲜保质难”的问题；并提出了在原有配送模式上拓宽供应渠道，添加处理中心、配送中心、数据服务中心和监控中心的生鲜农产品配送新模式。①也有学者以具体电商企业的物流评价体系构建过程为例，对物流企业的物流能力、仓储能力、订单处理、配送能力、信息服务、客服能力进行了评价分析。②

目前学界在农业电商的发展境况方面存在一些争议。一方面，有研究指出农村电商将迎来重要的发展机遇。③④杨晓玲认为“互联网+”发展为农业电商发展提供了有利的宏观环境。潘劲平和王艺璇则进一步从技术的社会嵌入视角出发，基于典型案例分析了农产品淘宝村的形成机制。另一方面，有学者却认为目前农业与电子商务的融合程度不甚理想。吴亦娇和赵子健指出，在农业领域，虽然农产品市场对电子商务平台持欢迎态度，但目前实际发展较为曲折，交易量还远未达到应有规模。同时也指出了农村发展电子商务的主要障碍：一是从事农业的相关人员对电子商务相对较弱的认知和重视水平；二是农村网络基础设施较为落后，线上交易条件不足；三是物流配送覆盖面不全，交通不便利造成运输成本高。⑤当然，吴亦娇和赵子健所指的农村电子商务发展的不利情况在近几年来已经得到了较大程度的改善。

① 陈哲、邓义、胡玲燕、祁华清：《生鲜农产品电商物流配送模式研究》，《商业经济研究》2018年第14期，第103-106页。

② 刘玉琼：《电商物流企业服务能力评价体系构建研究》，《商业经济研究》2018年第21期，第82-84页。

③ 潘劲平、王艺璇：《技术的社会嵌入：农产品淘宝村形成机制研究——基于W村的实证分析》，《西南大学学报（社会科学版）》2020年第46（01）期，第61-68页。

④ 杨晓玲：《“互联网+”战略下我国农业电商发展对策》，《改革与战略》2017年第33（06）期，第113-115页。

⑤ 吴亦娇、赵子健：《“互联网+”背景下我国电子商务发展研究》，《宏观经济管理》2017年第2期，第71-74页。

第二章

“新工具”：短视频中的营销、劳动者与社会流动

从已有的国内外研究来看，短视频正在成为形塑社会的“新工具”，它不仅是商业营销的新工具、劳动者新的谋生工具，同时也成为促进部分人群在社会分层中向上流动的新工具。

第一节　国外研究

国外对“短视频”的文献研究主要关注短视频领域的政府介入和干预、短视频在塑造农村青年亚文化方面的潜在作用、短视频营销模式和呈现形式与用户购买意图之间的关系以及短视频领域的劳动剥削等问题。在短视频领域的政府介入和干预方面，有学者分析了短视频平台作为视频传播工具在主流价值观传播中的作用。[①]关于短视频在塑造农村青年亚文化方面的潜在作用，有研究探讨了短视频平台对农村青少年教

① Chen Xu，Kaye D. B. V. &Zeng J. #PositiveEnergy Douyin：Constructing “playful patriotism” in a Chinese short-video application[J].Chinese Journal of Communication，2020.doi：10.1080/17544750.2020.1761848.

育的影响。[①]对于短视频营销模式、呈现形式与用户购买意图之间的关系，目前研究主要分析了不同因素如何影响用户对短视频广告的接受程度和短视频呈现形式对消费者感知质量的影响。[②]对于短视频领域的劳动剥削问题，有学者通过相关短视频分析和对表演者的访谈，探索了表演者在短视频平台上发布视频的动机，最终得出了致力于将注意力商品化的短视频平台上的主播是被高度剥削的劳动力的结论。

在短视频领域的政府介入和干预方面，目前研究主要探讨了短视频平台作为视频传播工具在主流价值观传播过程中的角色。如Xu Chen，D.B.V.Kaye和 J.Zeng认为虽然没有公开的数据确切表明抖音出现正能量板块的时间，但这个板块的增加可能与字节跳动的应用程序“内涵段子”在2018年4月关闭有关。Xu Chen等人推测为了获得政府的支持，抖音开始经营正能量板块，这一转变凸显了抖音为平衡其商业追求和政府的干预所做的努力。为了进一步验证这一举措的实际效果，他们收集了正能量相关视频并对其进行了内容分析，结果显示95%的正能量短视频直接或间接地促进了宏观或微观层面的爱国主义建设。同时也指出，通过创作轻松的爱国内容，正能量板块的短视频融入了抖音构建的整体游戏文化。[③]

目前国外研究普遍注意到了包括短视频平台在内的数字媒体平台对农村青少年教育的影响。同时指出，社会联系网络严重阻碍了人们任何向上移徙的尝试，而短视频平台大大降低了人们进入一个公众系统并成

① Miao Li，Tan Chris K. K. & Yuting Yang.Shehui Ren：Cultural production and rural youths' use of the Kuaishou video-sharing app in Eastern.

② Ma Rong，Shao Bingjia，Chen Jiaqi&Dai Dan.The impacts of online clothes short video display on consumers' perceived quality[J].Information，2020，11（2）：87-101.doi：10.3390/info11020087.

③ Chen Xu，Kaye D. B. V. &Zeng J. #PositiveEnergy Douyin：Constructing “playful patriotism” in a Chinese short-video application[J].Chinese Journal of Communication，2020.doi：10.1080/17544750.2020.1761848.

为耀眼娱乐明星的障碍。[①]这一观点在一项研究中得到呼应。Miao Li，Chris K. K. Tan 和 Yuting Yang通过对山东省邹平中学生的田野调查，研究了当地中学生如何利用短视频平台实现他们作为互联网名人的社会经济流动的梦想。指出农村地区存在大量“隐形辍学”的学生，他们虽然在上学，但精神已经脱离学校教育。认为农村学生敏锐地意识到教育不能实现其承诺的向上社会流动，他们在其他地方寻求经济进步，而在快手上直播和发布视频为他们提供了一个向上的社会经济流动的新场所。[②]可以说，数字媒体技术在一定程度上为中国农村青年提供了新的文化生产渠道。目前研究关注到了数字媒体技术在塑造农村青年亚文化方面的潜在作用，但是对虚拟世界里农村青年文化习俗的改变尤其是农村青年参与短视频平台内容发布后其生活状态的改变有待进一步追踪和探讨。

与国内研究相同，国外学者也注意到了短视频电商化和电商短视频化的现象和趋势，并对短视频营销模式、呈现方式与用户购买意图之间的关系进行了研究。在短视频电商化方面，有学者分析了短视频广告是否和如何影响用户对相关产品的购买意图。如Jie Zhao和Jianfei Wang通过对健康相关的短视频广告的用户接受度进行量化和建模，研究了不同因素如何影响用户对相关短视频广告的接受程度。结果显示，与其他因素相比，社会互动对短视频广告的感知有用性有更高的影响。他们因此向广告商提出在短视频广告中设计社交互动工具的建议。[③]而在电商短

① Tan Chris K. K.，Wang Jie，Wangzhu Shengyuan，Xu Jinjing&Zhu Chunxuan：The real digital housewives of China’s Kuaishou video-sharing and live-streaming app[J].Media，Culture&Society，2020. doi：10.1177/0163443719899802.

② Miao Li，Tan Chris K. K. & Yuting Yang.Shehui Ren：Cultural production and rural youths’use of the Kuaishou video-sharing app in Eastern China[J].Information，Communication&Society，2019.doi：10.1080/1369118X.2019.1585469.

③ Zhao Jie&Wang Jianfei.Health advertising on short-video social media：A study on user attitudes based on the extended Technology Acceptance Model[J].International Journal of Environmental Research and Public Health，2020，17（5）：1501-1521.doi：10.3390/ijerph17051501.

视频化方面，短视频呈现形式和特征对消费者信息处理、对产品的态度和购买意向的影响是研究的一大重点。如Rong Ma，Bingjia Shao，Jiaqi Chen和Dan Dai通过问卷调查和情景实验，探讨了短视频展示形式对消费者感知质量的影响。该项研究结果表明，与长视频相比，短视频展示使消费者具有更高的感知质量；其次，与只包括产品整体视图的视频相比，提供产品整体视图和细节的视频使消费者具有更高的感知质量；此外，与室内拍摄的产品相比，在户外拍摄的产品可以使消费者对质量有更好的感知。①

第二节　国内研究

目前对“短视频”的文献研究，主要关注的是短视频的发展态势、传播及营销模式、版权与治理、用户参与度与心理机制以及短视频内容生产等方面。在短视频的发展态势方面，有学者对短视频的演进历程进行了梳理②，也有学者对短视频的发展现状进行了分析③，另外有学者对短视频的未来发展做了预测④。在短视频传播及营销模式方面，研究者从传播学的角度，对短视频的传播结构、特征与价值⑤以及短视频的营销模式⑥⑦进行了分析。基于短视频平台的网络治理、版权处理⑧，尤其是短

① Ma Rong，Shao Bingjia，Chen Jiaqi&Dai Dan.The impacts of online clothes short video display on consumers' perceived quality[J].Information，2020，11（2）：87-101.doi：10.3390/info11020087.

② 王晓红、王宛艺：《短视频的机制演进与社会创新》，《新闻与写作》2019年第6期，第5-10页。

③ 王晓红、郭海威：《2019年我国短视频发展十大态势》，《新闻与写作》2019年第12期，第17-22页。

④ 刘鹏飞：《我国短视频平台的发展历程与走向》，《新闻与写作》2019年第1期，第81-84页。

⑤ 许竹：《移动短视频的传播结构、特征与价值》，《新闻爱好者》2019年第12期，第30-32页。

⑥ 高燕：《新媒体时代短视频营销模式的反思和重构——以抖音短视频平台为例》，《出版广角》2019年第8期，第62-64页。

⑦ 于晓娟：《移动社交时代短视频的传播及营销模式探析》，《出版广角》2016年第24期，第57-59页。

⑧ 吕鹏、王明漪：《短视频平台的互联网治理：问题及对策》，《新闻记者》2018年第3期，第74-78页。

视频内容的版权归属及其保护问题[①②③④]都是学者们的研究重点。与此同时，短视频平台的用户参与度[⑤]及用户心理分析[⑥]也是研究的热点。此外，短视频与电商结合的现象以及粉丝经济对短视频行业尤其是短视频内容生产的影响也备受关注[⑦]。

在短视频发展态势方面，不少学者关注到了短视频的平台和工具属性的凸显。有学者注意到，通过从产品属性向工具属性的拓展，短视频中也涌入了各种服务与流程。[⑧]有研究指出，在短视频产业整体规模持续增长的背景下，随着短视频平台打通电商平台，用户付费购买内容、产品及服务更加便捷，短视频"带货"成为行业变现的一大亮点。[⑨]还有研究分析了短视频成为营销渠道的原因。如高燕认为短视频已经成为当下热门的营销渠道，其趣味性和可视性、多样的表现形式和场景应用引领了新媒体时代的流行趋势。[⑩]从总体上看，学者们普遍意识到"电商+短视频"已成为一种新的商业模式。[⑪]

基于短视频电商转化率持续走高的现象，有研究对短视频的营销模式作了进一步探讨。学界对于短视频营销模式的评价存在争议。一方

---

① 严海：《短视频的版权归属、保护难点与策略》，《传媒》2020年第9期，第79-81页。

② 聂静、程海燕：《短视频内容传播的版权保护研究》，《中国出版》2020年第3期，第9-12页。

③ 李琛：《短视频产业著作权问题的制度回应》，《出版发行研究》2019年第4期，第5-8页。

④ 车江波：《我国短视频行业的版权破解之道》，《出版广角》2019年第2期，第71-73页。

⑤ 杨凤娇、孙雨婷：《主流媒体抖音号短视频用户参与度研究——基于〈人民日报〉抖音号的实证分析》，《现代传播（中国传媒大学学报）》2019年第41（05）期，第42-46页。

⑥ 陈曦、吴晓艳：《短视频平台的用户心理分析及其规制——以抖音为例》，《传媒》2019年第3期，第86-88页。

⑦ 黄楚新、郑智文：《粉丝经济背景下短视频的内容生产探析》，《中国编辑》2020年第6期，第15-19、41页。

⑧ 王晓红、王宛艺：《短视频的机制演进与社会创新》，《新闻与写作》2019年第6期，第5-10页。

⑨ 王晓红、郭海威：《2019年我国短视频发展十大态势》，《新闻与写作》2019年第12期，第17-22页。

⑩ 高燕：《新媒体时代短视频营销模式的反思和重构——以抖音短视频平台为例》，《出版广角》2019年第8期，第62-64页。

⑪ 刘鹏飞：《我国短视频平台的发展历程与走向》，《新闻与写作》2019年第1期，第81-84页。

面，部分学者肯定了短视频营销模式带来的效益。如王晓红和郭海威认为，内容电商开始崛起并成为常态，通过短视频打造消费场景，并不断拓展场景深度，使短视频营销效果获得更大提升。又如刘鹏飞指出，通过向会员制、付费订阅、单片订阅等形式延伸，短视频平台和用户在垂直领域和市场运营上形成了许多新的分成模式。另一方面，有学者对短视频营销模式提出了批评性的意见。如高燕指出，短视频营销存在营销视频缺乏个性化、创新化和营销渠道单一等问题。

同时也有学者注意到了短视频领域增速开始放缓，流量红利正在下降的现实。王晓红和郭海威认为，如何盘活存量、扩充增量，是今后短视频行业发展所要思考的重要问题。另有研究对短视频的创新发展提出了相关建议。如曹三省和胡倩倩指出，在媒体融合的背景下，短视频行业应加快与其他行业的连接，由此“引发内容生产领域新一轮的创新与创业，形成互联网新的生态”[①]。于晓娟针对短视频行业相关企业提出了应对策略：要想在短视频市场有立足之地，企业需要抓住机遇，积极创新产品的内容和形式，满足日渐多元的用户需求。[②]

短视频领域的版权保护、侵权治理和不良现象治理等问题也受到学界普遍关注，规范短视频的内容生产和加强短视频的版权保护成为学者们的共识。面对越来越多短视频领域的侵权现象以及保护难题，车江波认为，版权的规范和治理势在必行，不然短视频行业很可能陷入发展停滞甚至更深的危机。随后他进一步指出，版权保护不力将进一步导致创新驱动力弱，由此形成的趋于同质化的短视频将造成受众的审美疲劳，行业的竞争壁垒尤其是产业价值链也随之被削弱和断裂。[③]此外，有学者对于短视频

① 曹三省、胡倩倩：《5G与媒体融合背景下短视频的发展态势分析》，《传媒》2020年第11期，第19-22页。

② 于晓娟：《移动社交时代短视频的传播及营销模式探析》，《出版广角》2016年第24期，第57-59页。

③ 车江波：《我国短视频行业的版权破解之道》，《出版广角》2019年第2期，第71-73页。

版权保护问题提出了应对策略。如严海提出“必须要以系统性的思维予以解决，从平台、法律和用户等多方面发力”[①]。聂静和程海燕则指出短视频版权保护问题不仅应当从制度上加以完善，还应当加强技术辅助措施的运用。她们认为运用区块链技术和视觉技术建立内容审核、过滤及全程追溯体系，是解决问题的一种思路，也是保障短视频产业健康发展的一个有效路径。[②]

① 严海：《短视频的版权归属、保护难点与策略》，《传媒》2020年第9期，第79-81页。

② 聂静、程海燕：《短视频内容传播的版权保护研究》，《中国出版》2020年第3期，第9-12页。

第三章

“流直播”：直播发展、情感互动与伦理批判

第一节　国外研究

国外对“直播”的文献研究主要关注了直播现象兴起的原因、直播活动中情感接触货币化的现象、直播对电子游戏行业的影响、电子商务直播的发展以及政府对直播行业的干预等问题。在直播现象兴起的原因方面，有学者注意到了观众在观看直播的过程中获得情感满足的情况。[①]对于直播活动中情感接触货币化的现象，一部分学者分析了其内在机制[②][③]，另外有学者则从文化角度对其进行了批评。[④]关于直播对电子游戏行业的影响，学界探讨了包括直播在内的电子游戏生态系统的结

① Wang Shuaishuai.Live streaming，intimate situations，and the circulation of same-sex affect：Monetizing affective encounters on Blued[J].Sexualities，2020，23（5-6）：934-950.doi：10.1177/1363460719872724.

② Zhang Xiaoxing，Xiang Yu&Hao Lei.Virtual gifting on China’s live streaming platforms：Hijacking the online gift economy[J].Chinese Journal of Communication，2019，12（3）：340-355.doi：10.1080/17544750.2019.1583260.

③ Zhou Jilei，Zhou Jing，Ding Ying&Wang Hansheng.The magic of danmaku：A social interaction perspective of gift sending on T live streaming platforms[J].Electronic Commerce Research and Applications，2019.doi：10.1016/j.elerap.2018.11.002.

④ Zou Sheng.Producing Value Out of the Invaluable：A Critical/Cultural Perspective on the Live Streaming Industry in China[J]TripleC-Communication Capitalism & Critique，2018，16（2）：805-819.

构及直播在其中的作用。①②在电子商务直播的发展方面，目前研究关注了网红电商的发展模式和直播活动中的营销模式对消费者参与的影响。③④另外有学者注意到了政府对直播行业的审查和监管对直播市场和平台运作的影响。⑤

学界普遍注意到了主播和观众之间情感接触货币化的现象。如Xiaoxing Zhang，Yu Xiang和Lei Hao通过参与式观察和深度访谈的方法分析了几个影响力较大的中国直播平台的虚拟礼品系统。结果表明，平台基础设施的目的是通过虚拟礼物最大限度地实现内容货币化。有一些学者则分析了观众间的互动对付费礼物的影响，如通过对抖音平台上弹幕的文本挖掘和分析，发现他人的存在、社会竞争和情感刺激等因素会对观众发送虚拟礼物产生积极的影响。⑥

然而与上述观点不同的是，有学者却对直播活动中情感交流货币化的现象提出了犀利的批评。如Sheng Zou通过对中国直播案例的分析批判性地审视了直播过程中信息资本主义如何兑现用户的情感参与。他认为，直播是一种主播通过战略性的自我展示、个人生活的披露以及与观众的情感互动来换取金钱回报的活动；在这一充斥着服务和商品的消费主义空间中，货币作为价值的衡量标准和社会权力的一种基本形式，其

① Johnson Mark R&Woodcock Jamie.The impacts of live streaming and Twitch.tv on the video game industry[J].Media，Culture&Society，2019，41（5）：670-688.doi：10.1177/0163443718818363.

② Wohn Donghee Yvette&Freeman Guo.Live streaming，playing，and money spending behaviors in eSports[J].Games and Culture，2020，15（1）：73-88.doi：10.1177/1555412019859184.

③ Han Xiaofei.Historicising Wanghong economy：Connecting platforms through Wanghong and Wanghong incubators[J].Celebrity Studies，2020.doi：10.1080/19392397.2020.1737196.

④ Hu Mingyao&Chaudhry Sohail S. Enhancing consumer engagement in e-commerce live streaming via relational bonds[J].Internet Research，2020，30（3）：1019-1041.doi：10.1108/INTR-03-2019-0082.

⑤ Cunningham Stuart，Craig David&Lv Junyi.China’s livestreaming industry：Platforms，politics，and precarity[J].International Journal of Cultural Studies，2019，22（6）：719-736.doi：10.1177/1367877919834942.

⑥ Zhou Jilei，Zhou Jing，Ding Ying&Wang Hansheng.The magic of danmaku：A social interaction perspective of gift sending on T live streaming platforms[J].Electronic Commerce Research and Applications，2019.doi：10.1016/j.elerap.2018.11.002.

作用得到了加强。他批评直播平台用传统文化符号和流行文化符号来设计虚拟礼物是为了掩盖其牟取暴利的过程。与此同时揭露了主播对自我实现、社交和快乐的需求与唯物主义的欲望交织在一起的赤裸现实。他指出，主播向每一个新进入聊天室的人打招呼是一种例行公事，也是对那些奖励他们的人的亲密感谢。①

关于直播对电子游戏行业的影响，学界探讨了包括直播在内的电子游戏生态系统的结构及直播在其中的作用。如Mark R Johnson和Jamie Woodcock通过分析线上和线下实地调查的经验数据，包括对专业主播的定性访谈和对直播活动的线上、线下民族志，指出直播是电子游戏行业的一支主要的新力量，它在开发人员和影响者之间建立了新的联系，改变了人们对游戏和游戏设计的期望。②又如Donghee Yvette Wohn和Guo Freeman以问卷的形式调查了Fortnite玩家不同的观看、游戏和消费模式；结果显示，观看直播促进了用户参与电子游戏时间的增加。此外也分析了直播情况下电子游戏生态系统的结构：玩家和主播为媒体消费创造内容；主播和观众宣传、分享、倡导和分发所创造的内容；观众为内容创作者提供有形的支持，鼓励他们创造更多、更高质量的内容。③

在电子商务直播方面，目前研究关注了网红电商的发展模式和直播活动中的营销模式对消费者参与的影响。如Xiaofei Han以中国最有影响力的电商网红孵化与营销平台如涵控股有限公司为例，对网红电子商务的盈利模式进行了解构。指出如涵控股成功地开发了一个“社交社区—网红—电子商务零售”的三角商业模式，该模式整合了网红的两种货币

① Zou Sheng.Producing Value Out of the Invaluable：A Critical/Cultural Perspective on the Live Streaming Industry in China[J]TripleC-Communication Capitalism & Critique，2018，16（2）：805-819.

② Johnson Mark R&Woodcock Jamie：The impacts of live streaming and Twitch.tv on the video game industry[J].Media，Culture&Society，2019，41（5）：670-688.doi：10.1177/0163443718818363.

③ Wohn Donghee Yvette&Freeman Guo：Live streaming，playing，and money spending behaviors in eSports[J].Games and Culture，2020，15（1）：73-88.doi：10.1177/1555412019859184.

化模式：直接在线零售和广告。[①]另一些学者则从消费者心理出发，进一步研究了电子商务直播如何影响消费者参与。如Mingyao Hu和Sohail S.Chaudhry以SOR模型为主要理论视角，通过对淘宝网消费者数据的分析，研究了淘宝直播的营销模式对消费者参与的影响。经过研究，指出电商直播实时互动、实物展示和专业解说的方式对消费者的购买行为有积极的影响；而直播活动中优惠福利的营销手段对消费者参与却没有直接影响。对此结果推测了其中的原因，他们认为这可能是因为大多数通过直播活动销售的商品都是体验型的产品，这类商品的特征是在体验它们后才能知道的，这突出了购物体验在电子商务中的重要性。与此同时，也指出降价营销虽然不能直接影响消费者参与，却能够通过增强消费者对主播的情感依赖，进而提高消费者的积极参与，因此降价营销也是电商直播吸引消费者的一大法宝。[②]

另外有学者注意到了政府对直播行业的审查和监管对直播市场和平台运作的影响。如Stuart Cunningham，David Craig和Junyi Lv梳理了2017年和2018年中国政府在直播监管方面采取的一些措施，指出当局的政策和决定对直播平台的定位和主播的工作方式有很大的影响。[③]

第二节　国内研究

目前对"直播"的文献研究主要聚焦于直播营销和新闻直播两个方面。在直播营销方面，有学者从传播学的角度研究网络直播的现状和未

① Han Xiaofei.Historicising Wanghong economy：Connecting platforms through Wanghong and Wanghong incubators[J].Celebrity Studies，2020.doi：10.1080/19392397.2020.1737196.

② Hu Mingyao&Chaudhry Sohail S. Enhancing consumer engagement in e-commerce live streaming via relational bonds[J].Internet Research，2020，30（3）：1019-1041.doi：10.1108/INTR-03-2019-0082.

③ Cunningham Stuart，Craig David&Lv Junyi.China's livestreaming industry：Platforms，politics，and precarity[J].International Journal of Cultural Studies，2019，22（6）：719-736.doi：10.1177/1367877919834942.

来趋势以及直播平台的兴起逻辑和圈层传播①②；有学者从经济学角度研究直播平台的打赏收入分成模式③；也有学者从心理学角度研究从众消费的作用机理④；与此同时，网络直播过程中的伦理失范问题也引起了学界的广泛关注，对于这一现象的原因分析和对策研究也比较热门⑤⑥；还有学者从传播政治经济学的角度分析了网络直播内部深层次的运营剥削机制。⑦对新闻直播的研究主要关注了新闻直播的发展现状和前景。⑧⑨

学界对于网络直播产生的影响及其行业价值存在一些争议。一方面，目前研究肯定了网络直播在社交传播和互联网经济中的作用。如裴珺认为，网络直播作为一种新型的社交媒体方式，凭借其较快的信息传播速度和较强的社会互动性，变革了社会信息传播的模式以及受众的娱乐方式，同时也创造了一种新兴产业，获取了较大的经济利润，一定程度上推动了社会经济的发展。王彤也认为，网络直播为互联网经济带来了新的发展机遇，为人民群众精神文化需求的多元化发展提供更多可能。另一方面，有研究批评了网络直播中出现的内容低俗、伦理失范等问题。如张智华和宋斌认为“部分垂直类直播平台重视工具理性而轻视人文理性，往往只顾经济效益而忽视社会效益，缺少人文关怀以及人文

---

① 王彤：《5G时代网络直播的趋势与规制》，《传媒》2020年第9期，第54-56页。

② 张智华、宋斌：《论垂直类网络直播平台的兴起逻辑和圈层传播》，《现代传播（中国传媒大学学报）》2019年第41（09）期，第89-93页。

③ 郑森圭、苏丹华、汪寿阳、尚维：《直播平台打赏收入分成模式研究》，《系统工程理论与实践》2020年第40（05）期，第1221-1228页。

④ 谢莹、李纯青、高鹏、刘艺：《直播营销中社会临场感对线上从众消费的影响及作用机理研究——行为与神经生理视角》，《心理科学进展》2019年第27（06）期，第990-1004页。

⑤ 高健、余富强、葛子豪：《网络主播群体性问题及其治理》，《传媒》2020年第3期，第74-76页。

⑥ 高萱萱：《网络直播的伦理反思》，《新闻爱好者》2019年第9期，第26-29页。

⑦ 裴珺：《基于“受众劳工”理论的网络直播反思》，《传媒》2020年第2期，第91-93页。

⑧ 申宁、曹为鹏：《〈人民战“疫”〉：5G时代直播新闻的新探索》，《新闻与写作》2020年第5期，第92-94页。

⑨ 韩海燕：《从用户心理需求视角看主流媒体移动新闻直播发展前景》，《出版广角》2020年第7期，第77-79页。

精神”。高健、余富强和葛子豪指出，部分主播不良的示范效应容易诱发不良的社会思潮，不利于青少年的身心健康。高萱萱则认为部分直播存在的低俗内容吸引受众眼球后会造成文化的畸形传播。

对于部分网络直播中传播内容过于低俗的情况，加快推进整改力度是学者们的共识。王彤指出，网络直播平台要实现可持续发展，必须采取有效办法，不断提升内容的文化品位。张智华和宋斌也提出了类似的观点，他们认为只靠颜值和擦边球的网络直播短时间内或许可以吸引大量粉丝和人气，长久来看却经不起市场检验。面对网络直播中部分内容低俗化和同质化的现象，有学者提出了相应的对策。如高萱萱提出了构建网络直播伦理原则、培养网络直播参与者的责任意识、完善网络直播平台的管理和推进网络直播的法治化管理等举措。[①]高健、余富强和葛子豪认为，应该构筑多种联络机制和互动平台，加强直播内容生产方向和生产方式的引导，构建以“准入—监管—清退”为轴的直播管理体系，建立适配“自雇型”用工的劳动保障体系。[②]

此外，有学者注意到了网络直播行业中网络主播受到劳动剥削的现象。裴珺认为，网络直播平台的兴起虽然创造了巨大的经济效益，但其背后存在的剥削机制也发人深省。她指出网络直播中存在网络直播公司无偿占有网民劳动所创造的经济价值的剥削关系。[③]这一观点看到了网络主播作为数字平台的“数字劳动者”，必须与平台分享收益却没有获得和其他职业相同的劳动保障的现实情况；但是却忽略了直播从业者作为自雇劳动者享有更为充分的经济自由权和工作自主权的一面。

---

① 高萱萱：《网络直播的伦理反思》，《新闻爱好者》2019年第9期，第26-29页。

② 高健、余富强、葛子豪：《网络主播群体性问题及其治理》，《传媒》2020年第3期，第74-76页。

③ 裴珺：《基于“受众劳工”理论的网络直播反思》，《传媒》2020年第2期，第91-93页。

~第二部分~

政策与形势

2020年，网络直播带货迅速发展。由于新冠肺炎疫情的影响，社会局部“停摆”，线下实体销售的情况并不乐观，中小企业、零售商家、贫困地区等的产品滞销问题亟待解决。同时，人们有更多的时间居家并将注意力集中在移动互联网上，而直播的形式能够突破时空的限制，带给观众更加直观的观看体验和互动体验，帮助消费者更好、更直接地了解产品，从而更容易激发消费者对产品的购买欲。因此“直播带货”成为当下推进经济发展、解决就业的重要形式和途径之一。不仅有网红、主播在带货营销，著名企业家、明星也开始涉足直播带货领域，另外一些地方领导干部也在为当地产品进行直播带货……因此可以说，“直播带货”正处于快速发展的阶段。

李克强总理在2020年《政府工作报告》中指出：“电商网购、在线服务等新业态在抗疫中发挥了重要作用，要继续出台支持政策，全面推进‘互联网+’，打造数字经济新优势。”我国多地政府出台直播电商扶持政策，推动直播电商发展，积极打造直播带货产业基地。各大企业和平台也推出各种政策，帮助线上线下商家打通直播全链路，推动经济复苏和发展。

而随着越来越多品牌、平台、MCN机构和个人加入直播带货大军中，一些不规范的行为甚至乱象也逐渐暴露出来。为营造良好的市场消费环境，引导网络直播营销活动更加规范，促进网络直播营销业态的健康发展，我国也积极发布相关行业规范，打击违法乱象，创造良好的直播营销环境。

第一章

地方政策

第一节　规划与类型

表1　我国部分“直播带货”地方政策文件发布地点

	发布地区			美誉/地位	政策文件名称
扶持政策	浙江省	杭州市	高新区滨江	“天堂硅谷”	《关于扶持直播产业发展的实施意见》（征求意见稿）
扶持政策	浙江省	杭州市	余杭区	“创新活力之区”	《余杭区支持直播电商产业高质量发展的财政政策实施细则》
扶持政策	广东省	广州市	越秀区		《广州市越秀区促进直播电商行业发展实施办法》
扶持政策	广东省	广州市	花都区	“广州北大门” “中国皮具之都”	《广州市花都区扶持直播电商发展办法（2020—2022）》（征求意见稿）
扶持政策	广东省	广州市	从化区	“北回归线上的明珠” “广州后花园”	《广州市从化区扶持直播电商发展的若干措施（试行）》
扶持政策	福建省	泉州市		联合国唯一认定的海上丝绸之路起点，国家“一带一路”倡议的21世纪海上丝绸之路先行区	《泉州开发区关于扶持电子商务发展的若干措施》
扶持政策	福建省	平潭综合实验区		“中国的马尔代夫” “千礁岛县”	《平潭综合实验区关于支持直播经济发展的若干措施》
方案计划	广东省	广州市		“千年商都”	《广州市直播电商发展行动方案（2020—2022）》
方案计划	四川省			“天府之国”	《品质川货直播电商网络流量新高地行动计划（2020—2022）》

续表

	发布地区			美誉/地位	政策文件名称
方案计划	辽宁省	营口市		“东方贸易总汇”“关外上海”	《营口市直播电商发展行动计划（2020—2022）》
	重庆市			中国重要的中心城市之一、长江上游地区经济中心、西南地区综合交通枢纽	《重庆市加快发展直播带货行动计划》
	山东省	青岛市		“世界啤酒之城” “中国品牌之都”	《青岛市直播电商发展行动方案（2020—2022年）》
	山东省	菏泽市		“中国牡丹之都”“天下之中”	《菏泽市直播电商发展行动方案（2020—2022年）》
	山东省	济南市		“中国铸造之乡” “中国互联网品牌之都”	《大力发展电商经济打造直播经济总部基地的实施方案》
	浙江省	金华市	义乌市	“世界小商品之都”	《义乌市加快直播电商发展行动方案》

（一）发布地区

如表1所示，据不完全统计，可以发现发布直播带货政策的地区多为经济较为发达的东部地区，少数为经济较不发达的中西部地区，涉及东部地区的浙江省、广东省、福建省、辽宁省、山东省以及西部地区的四川省和重庆市。这可能是由于东部发达地区的经济状况较好，较中西部地区更早重视直播带货对经济的作用，并且东部地区也更有财力和物力扶持直播电商经济的发展。

同时可以发现，发布直播带货政策的地区涵盖省、市、区三个行政区划层级，并且经济越发达的省份，越多下属市、区发布相关政策，相关文件的作用范围越细化。作为中国经济大省的广东省和浙江省，均有多个市辖区发布直播带货政策，包括广州市的越秀区、花都区、从化区和杭州市的高新区（滨江）、余杭区等。

其次，发布直播带货政策的地区多为各省份的省会城市或经济突出的特色市/区。例如发布直播带货政策的杭州市、广州市、济南市等均为各省份的省会城市；此外，有“世界小商品之都”美誉的浙江义乌、国际性港口城市山东青岛等均为各省份的经济特色市/区。

此外，据不完全统计，我国直播带货地方政策文件的条例数量在5～23条不等。浙江省金华市义乌市《义乌市加快直播电商发展行动方案》发布了近23条条例，重庆市《重庆市加快发展直播带货行动计划》只包含5个条例（不含保障措施）。通过各地方政策条例的数量不同可以大致看出各地方对直播带货的重视程度，条例数量多表明该地区对直播带货更加重视，对本地区直播带货的发展更加有信心，也能够更快地摸索出直播带货行业的发展模式；而条例数量较少和较为含糊的地区对直播带货的信心程度不高，更多秉持着观望的态度。

（二）类型与思路

从政策文件名称和内容上看，我国直播带货地方政策大致可以分为两类，一类是扶持政策，另一类是发展方案（发展计划）。

扶持政策较为具体地规定了对特定对象的扶持和奖励方案、条例，例如福建省泉州市在《泉州开发区关于扶持电子商务发展的若干措施》中规定“对注册在开发区，为区内企业直播业务培育网红达人及策划的网红经纪公司，在开发区年纳税100万元以上的，按其对区级财政贡献的50%予以奖励，奖励期限2年”。

而行动方案（行动计划）类的政策规定了在一定的历史时期内，应该达到的目标、应当完成的明确任务和具体保障措施等。例如《广州市直播电商发展行动方案（2020—2022）》《品质川货直播电商网络流量新高地行动计划（2020—2022）》等就是行动方案（行动计划）类的政策。

两者相比较，扶持类政策主要针对直播带货各类主体，行动方案类政策范围更加广泛。扶持类政策的内容更加具体，行动方案类政策更加宏观统筹。

（三）时间与期限

表2　我国部分“直播带货”地方政策文件发布时间和有效期限

	实施地区	政策文件名称	发布时间	有效期
扶持政策	杭州-高新区（滨江）	《关于扶持直播产业发展的实施意见》（征求意见稿）	2020.6.9	
	杭州-余杭	《余杭区支持直播电商产业高质量发展的财政政策实施细则》	2020.7.3	2020—2022年
	广州-越秀	《广州市越秀区促进直播电商行业发展实施办法》	2020.4.13	印发之日起30日后实施，3年
	广州-花都	《广州市花都区扶持直播电商发展办法（2020—2022）》（征求意见稿）	2020.4.24	印发之日起3年
	广州-从化	《广州市从化区扶持直播电商发展的若干措施（试行）》	2020.6.5	发布之日起2年
	福建泉州	《泉州开发区关于扶持电子商务发展的若干措施》	2020.5.9	发布之日起2年
	福建-平潭综合实验区	《平潭综合实验区关于支持直播经济发展的若干措施》	2020.7.16	印发之日起3年
方案计划	广东广州	《广州市直播电商发展行动方案（2020—2022）》	2020.3.23	2020—2022年
	四川省	《品质川货直播电商网络流量新高地行动计划（2020—2022）》	2020.3.30	2020—2022年
	辽宁营口	《营口市直播电商发展行动计划（2020—2022）》	2020.4.26	2020—2022年
	重庆市	《重庆市加快发展直播带货行动计划》	2020.5.8	
	山东青岛	《青岛市直播电商发展行动方案（2020—2022年）》	2020.5.12	2020—2022年
	山东菏泽	《菏泽市直播电商发展行动方案（2020—2022年）》	2020.5.18	2020—2022年

续表

	实施地区	政策文件名称	发布时间	有效期
	山东济南	《大力发展电商经济打造直播经济总部基地的实施方案》	2020.5.22	2—3年
	金华-义乌	《义乌市加快直播电商发展行动方案》	2020.6.19	

如表2所示，自2020年3月以来各地区直播带货相关政策陆续发布，这很大程度上是由于2020年1至3月新冠肺炎疫情对我国线下实体销售的冲击和遏制，使得各地区政府意识到发展线上电子商务的重要性。各地以这种方式缓解疫情带给商家乃至全国的经济压力。

结合政策发布时间和发布地区，可以发现，地区直播带货政策较早由广东省有着“千年商都”美誉的广州市发布，2020年3月23日广东省广州市发布了《广州市直播电商发展行动方案（2020—2022）》，2020年4月13日广东省广州市越秀区在“越秀区促进直播电商行业发展”新闻通气会暨直播电商行业交流会上公布支持措施《广州市越秀区促进直播电商行业发展实施办法》。

此外，各地区直播带货相关政策的实施有效期限多为2年或3年，而一般来说地方性政策的实施有效期限多为5年。直播带货地方政策的有效期限的范围表述多为“自印发/发布之日起实施，有效期2/3年”和“2020至2022年”两种。例如，广州市从化区《广州市从化区扶持直播电商发展的若干措施（试行）》自发布之日起实施，有效期2年；广州市《广州市直播电商发展行动方案（2020—2022）》有效期为2020至2022年。但是也存在特殊情况。山东省济南市的《大力发展电商经济打造直播经济总部基地的实施方案》并没有规定准确的有效期限，其有效期限为2—3年。更值得注意的是，浙江省杭州市余杭区的《余杭区支持直播电商产业高质量发展的财政政策实施细则》存在一年的试行期。一年试行期过后可根据政策实施效果对政策进行适当调整。由此可以看出，各地方政府对直播带货仍秉持着观望的态度。

（四）发布机关

表3　我国部分"直播带货"地方政策文件发布机构

	实施地区	政策文件名称	发布机构
扶持政策	杭州－高新区（滨江）	《关于扶持直播产业发展的实施意见》（征求意见稿）	杭州高新开发区（滨江）文创发展中心
	杭州－余杭	《余杭区支持直播电商产业高质量发展的财政政策实施细则》	杭州市余杭区商务局、杭州市余杭区财政局
	广州－越秀	《广州市越秀区促进直播电商行业发展实施办法》	广州市越秀区人民政府
	广州－花都	《广州市花都区扶持直播电商发展办法（2020—2022）》（征求意见稿）	广州市花都区科技工业商务和信息化局
	广州－从化	《广州市从化区扶持直播电商发展的若干措施（试行）》	广州市从化区人民政府
	福建泉州	《泉州开发区关于扶持电子商务发展的若干措施》	泉州经济技术开发区管理委员会
	福建－平潭综合实验区	《平潭综合实验区关于支持直播经济发展的若干措施》	平潭综合实验区管委会办公室
方案计划	广东广州	《广州市直播电商发展行动方案（2020—2022）》	广州市商务局
	四川省	《品质川货直播电商网络流量新高地行动计划（2020—2022）》	四川省商务厅
	辽宁营口	《营口市直播电商发展行动计划（2020—2022）》	营口市人民政府办公室
	重庆	《重庆市加快发展直播带货行动计划》	重庆市商务委员会
	山东青岛	《青岛市直播电商发展行动方案（2020—2022年）》	青岛市商务局
	山东菏泽	《菏泽市直播电商发展行动方案（2020—2022年）》	菏泽市商务局
	山东济南	《大力发展电商经济打造直播经济总部基地的实施方案》	济南市委、市政府
	金华－义乌	《义乌市加快直播电商发展行动方案》	义乌市人民政府办公室

如表3所示，我国直播带货地方政策的发布机构多为各地方商务局（厅）以及政府办公室，例如杭州市余杭区商务局、广州市商务局、四川省商务厅、青岛市商务局、菏泽市商务局、广州市花都区科技工业商务和信息化局等商务局（厅）以及广州市越秀区人民政府、广州市从化区人民政府、营口市人民政府办公室、济南市政府、义乌市人民政府办公室等。

同时存在少数其他政府部门作为政策发布机构的情况，例如杭州高新开发区（滨江）文创发展中心、泉州经济技术开发区管理委员会、平潭综合实验区管委会办公室、济南市委等部门。

第二节　思想与目标

（一）指导思想

研究发现，总体上看，我国各地区直播带货政策以习近平新时代中国特色社会主义思想为指导，坚持新发展理念，坚持发展与规范并重，以改革创新为引领，以规范化、系统化、市场化建设为抓手，把直播电商带货作为推动电子商务产业高质量发展的重要举措，利用直播、社交、短视频、图文等电子商务新业态模式，以重构人货线上线下融合新场景为出发点，充分发挥各地区综合优势，例如浙江义乌充分发挥小商品市场货源优势，广州充分发挥广州“直播货”多、供应链完备等优势，广州花都区充分发挥花都产业基础雄厚、供应链完备、物流体系发达等综合优势，引进和培育一批头部网红、头部直播电商机构、MCN机构，孵化一批直播电商网红品牌，培养一批网红带货达人，赋能一批实体企业，以直播电商新零售助力实体经济数字化转型发展，营造浓厚的直播电商发展氛围，推动实体经济高质量发展，推动线上线下深度融合。

（二）目标设计

表4 我国部分“直播带货”地方政策及政策目标（部分）

	实施地区	政策文件名称	政策目标之一
扶持政策	杭州－高新区（滨江）	《关于扶持直播产业发展的实施意见》（征求意见稿）	打造直播产业第一区
	杭州－余杭	《余杭区支持直播电商产业高质量发展的财政政策实施细则》	打造业态丰富、人才集聚、创新驱动的直播电商产业生态
	广州－越秀	《广州市越秀区促进直播电商行业发展实施办法》	打造广州“越秀”直播电商之都
	广州－花都	《广州市花都区扶持直播电商发展办法（2020—2022）》（征求意见稿）	打造直播电商名都
	广州－从化	《广州市从化区扶持直播电商发展的若干措施（试行）》	打造超百亿级直播电商产业集聚区
	福建泉州	《泉州开发区关于扶持电子商务发展的若干措施》	
	福建－平潭综合实验区	《平潭综合实验区关于支持直播经济发展的若干措施》	打造直播经济枢纽城市
方案计划	广东广州	《广州市直播电商发展行动方案（2020—2022）》	打造成为全国著名的直播电商之都
	四川省	《品质川货直播电商网络流量新高地行动计划（2020—2022）》	打造为全国知名区域直播电商网络流量中心
	辽宁营口	《营口市直播电商发展行动计划（2020—2022）》	打造成为全国直播电商网络流量新高地
	重庆市	《重庆市加快发展直播带货行动计划》	打造成为直播应用之都、创新之城
	山东青岛	《青岛市直播电商发展行动方案（2020—2022年）》	打造成中国北方直播电商领先城市
	山东菏泽	《菏泽市直播电商发展行动方案（2020—2022年）》	打造成为长江以北知名的直播电商发展高地
	山东济南	《大力发展电商经济打造直播经济总部基地的实施方案》	打造成为全国著名的直播经济总部基地
	金华－义乌	《义乌市加快直播电商发展行动方案》	成为全国知名的网红产品营销中心、网红达人“双创”中心、网红直播供应链主体集聚中心

如表4所示，我国地方直播带货政策的主要政策目标之一就是将所在地区打造成为著名的直播电商之都（区），例如杭州高新区（滨江）试图打造直播产业第一区、广州越秀区试图打造广州越秀直播电商之都、广州花都区试图打造直播电商名都等。即使其余地方政策的政策目标不是将所在地区打造成为著名的直播电商之都（区），也立下了其他诸如“打造直播经济枢纽城市”等相同含义的目标，例如广州从化区试图打造超百亿级直播电商产业集聚区、四川省试图打造全国知名区域直播电商网络流量中心等。可以看出，在这次的直播电商发展新浪潮中，各地区都积极作为，努力抓住这次发展机遇。

除了上述目标外，各地区发布的直播带货行动方案（行动计划）政策中均提出了具体的针对建设直播电商基地，直播示范店（骨干企业、MCN机构），网红品牌，培养带货达人，创造电商零售额的政策目标。例如广东省广州市《广州市直播电商发展行动方案（2020—2022）》、四川省《品质川货直播电商网络流量新高地行动计划（2020—2022）》、浙江省金华市义乌市《义乌市加快直播电商发展行动方案》中均提出要在规定时间内建成10个直播电商产业带（基地）、培育100家具有示范带动作用的直播机构（MCN机构、骨干企业等）、打造1000个网红品牌、培养10000名带货达人。后两者还提出直播电商交易额突破1000亿元的目标。

（三）适用对象

根据不完全统计的调查研究发现，我国各地区直播带货政策文件的政策适用对象存在一定的共性和差异。

从共同点上看，我国各地区直播带货政策的适用对象均为各地区范围内的从事直播电商相关的主体。例如浙江杭州高新区（滨江）的政策

《关于扶持直播产业发展的实施意见》(征求意见稿)只适用于财政级次及主要经营地在高新区(滨江)，并经备案的直播平台，签约入驻微博、微信、抖音、快手、哔哩哔哩、小红书、淘宝直播等主流平台的头部MCN机构、头部主播创办企业、数字内容生产及运营企业，以及为直播产业发展提供技术支撑、产业配套服务等相关企业；浙江杭州余杭区的政策《余杭区支持直播电商产业高质量发展的财政政策实施细则》只适用于在余杭区依法注册、具有独立法人资格的从事直播电商运营、应用及专业配套服务的企业和相关机构，开展直播电商活动但未注册独立法人的传统生产型企业。

在这些共同点之外，各地区的政策还存在着差异，有各自不同的要求。例如浙江杭州余杭区的政策《余杭区支持直播电商产业高质量发展的财政政策实施细则》要求企业具有健全的财务管理制度和良好的财务记录，当年度信用记录无严重失信行为；福建省平潭综合实验区的政策《平潭综合实验区关于支持直播经济发展的若干措施》对“网红主播”“直播”“直播平台”“直播服务机构”等做了专门的界定[①]；福建省泉州市的政策《泉州开发区关于扶持电子商务发展的若干措施》规定“对引进的国际排名100强、国内排名50强电子商务企业或重大优质的电子商务投资项目，经党工委、管委会同意，可按‘一企一策’研究扶持，不再享受以上扶持措施”等。

---

① 《平潭综合实验区关于支持直播经济发展的若干措施》中指出：本措施所称网红主播是指在网络直播营销活动中与用户直接互动交流，有一定带货能力、影响力的人员。本措施所称直播，是指基于互联网，以视频、音频、图文等形式向公众持续发布实时信息的活动；本措施所称直播平台，是指通过互联提供视听节目直播服务的互联网视听节目服务平台；本措施所称直播服务机构，主要是指基于互联网的直播服务提供者，是提供互联网直播平台服务的主体。本措施所称网红经济公司(MCN)，是指培育主播并为其开展网络直播营销活动提供服务的专门机构；本措施所称“四上企业”，是指规模以上工业企业、资质等级建筑业企业、限额以上批零住餐企业、规模以上服务业企业。

第三节 内容与原则

（一）扶持类政策的主体内容

从总体上看，我国直播带货地方政策中扶持类政策主要包含针对主播（直播电商从业者）、直播运营商（直播电商平台、MCN机构、直播电商经纪公司、直播电商服务机构等）、直播孵化器（园区、基地）、直播电商培训机构这四个相关主体的扶持政策和奖励，对举办直播电商活动的相关奖励，以及对重复奖励的奖励原则。各地方扶持政策类直播带货政策主要的几大类政策之间存在共通之处但是细看又可以发现存在着个体的差异。

除了以上主要的扶持政策内容外，部分地方政策中还包含对品牌方（如杭州余杭、福建泉州、福建平潭综合实验区）、技术机构（如福建泉州）、政府相关人员（如福建平潭综合实验区）等行业主体的政策。这体现了我国直播带货地方政策受益对象的全面，体现了地方对发展直播带货的重视。

（1）对主播（直播电商从业者）的扶持政策

表5　我国部分直播带货地方政策（扶持类政策）中对主播的扶持条例

实施地区	对主播（直播电商从业者）的扶持条例		
	创收奖励	社会保障	荣誉奖励
杭州–高新区（滨江）	对年度实际缴纳税收达到一定规模的直播产业企业，以及经区管委会、政府研究确定的重点直播产业企业，参照《关于创新创业人才激励政策的实施意见》，根据企业人才对区财政贡献给予资助。	1.市E类以上人才在杭购买首套房，可享受优先购房等杭州市有关政策。 2.对符合条件的全日制大专以上学历人才和经认定的直播产业特殊人才给予落户支持。 3.妥善解决人才后顾之忧，对直播产业特殊人才，在就医服务、子女就学保障和家庭父母优先入住区内政府养老服务机构等方面提供服务保障。	

续表

实施地区	对主播（直播电商从业者）的扶持条例		
	创收奖励	社会保障	荣誉奖励
广州-越秀		1.依托越秀区人才公寓给予住房保障支持。 2.优先协助行业领军人物及其配偶、子女落户广州。 3.为行业领军人才提供优质教育、健康医疗服务等定制化服务，让人才在越秀区扎根发展无后顾之忧。	通过政府指导、协会组织的方式，评选越秀区十大网红直播达人，颁发证书，助力入户广州，并进行宣传报道，激励网红主播创新发展，树立行业标杆，扩大越秀网红主播的知名度和影响力。
广州-花都		鼓励企业培养和引入各类行业主播，开展千人（主播）千店成长计划，为本地“四上”企业年带货量超1000万元、2000万元、5000万元以上的优秀网红主播（拥有知名平台粉丝量50万以上），最高分别给予10万元、30万元、50万元花都区购房奖励，优先享受人才公寓、入户指标、子女入学等人才政策。	每年评选10名“花都网红”，按市场价的70%给予购置人才安居用房奖励。
广州-从化		重点引进直播电商行业优质人才在我区集聚发展，优先协助产业领军人才及其配偶、子女落户，为其提供优质教育、健康医疗服务等定制化服务。	1.对与我区形成精准对接、长期合作关系的产业领军人才，经评审小组核定，授予其“从化区直播代言大使”称号。 2.通过政府指导、协会组织的方式，以个人销售业绩为主要评判标准，评选从化区“十大网红直播达人”，颁发证书，并分别给予1万~ 10万元不同等级的奖励。
福建泉州	对年带货1000万元以上的网红达人，且在开发区个人工薪收入所得税5万元以上的，按其依法缴纳的个人所得税对区级财政贡献的50%给予奖励，奖励期限2年。	对符合第一条入驻奖励条件的直播基地，每年可自行推荐与基地签约一年以上的优秀直播运营人员享受房租补助，每人每月可享受住房租金50%的补助，每人每月最高不超过500元，原则上每家享受人数不超过直播基地内直播运营人员总数的10%，每家直播基地每年不超过5人，补助期限2年。享受房租补助的直播运营人员需依法缴纳社会保险费及个人所得税。	
福建-平潭综合实验区	鼓励区内直播平台、MCN机构签约（全约）主播为区内各类企业开展直播服务，对为区内“四上”企业特色产品（指特色农渔产品、跨境电商商品、台湾商品或区内旅游服务产品）直播带货超过100万元的前10名优秀网红主播，按照应税销售额2%予以奖励，最高不超过50万元。		

根据研究发现，如表5所示，我国直播带货地方政策中的扶持类政策对主播（直播电商从业者）的扶持主要有三个方面的内容，分别是创收奖励、社会保障奖励和荣誉奖励。

创收奖励主要是针对所在地区内直播带货达到一定金额并满足其他一定条件的主播的现金奖励，如福建省泉州市颁布的政策中规定“对年带货1000万元以上的网红达人，且在开发区个人工薪收入所得税5万元以上的，按其依法缴纳的个人所得税对区级财政贡献的50%给予奖励，奖励期限2年”。

社会保障扶持和奖励主要是对达到一定条件的主播及其亲属在购房、落户、医疗服务、子女就学和养老等内容上的扶持。杭州高新区（滨江）、广州越秀区、广州花都区、广州从化区、福建泉州等地的扶持政策均含有社会保障相关条例。

荣誉奖励是各地区依据一定的条件对主播及其相关从业人员进行评选，授予荣誉称号，同时可能予以一定的奖励，如住房补助、宣传支持、现金奖励等。例如广州花都区的政策规定“每年评选10名‘花都网红’，按市场价的70%给予购置人才安居用房奖励”。

除了以上三个主要的扶持内容外，还存在一些特殊的对主播（直播电商从业者）的扶持奖励条例。例如杭州市余杭区的政策包含人才评定政策，“对纳税50万元以上的直播电商企业，可推荐独家签约主播（年带货销售额1000万元以上）认定F类人才，对纳税100万元以上的直播电商企业，可推荐独家签约主播（年带货销售额5000万元以上）认定E类人才……对具有行业引领力、影响力的直播电商人才可通过联席认定按最高B类人才享受相关政策”；福建省平潭综合实验区的政策包含税收奖励条例，给予主播及相关从业人员税收奖励，“对年缴纳个人所得税总额在3万元以上（含）的直播企业高管、员工及股东……年缴纳个人所得税总额在3万元（含）至5万元（不含）的，按70%给予奖励…”等。

（2）对直播运营商的扶持政策

根据研究发现，我国直播带货地方政策中对直播运营商（直播电商平台、MCN机构、直播电商经纪公司、直播电商服务机构等）的扶持政策主要有用房补贴、技术扶持、入驻和上市奖励、创收和荣誉奖励这几类。除此之外，部分地方政策规定了一些对直播运营商单独的特殊扶持政策。

①用房补贴和技术扶持

如表6所示，我国直播带货地方政策中对直播运营商（直播电商平台、MCN机构、直播电商经纪公司、直播电商服务机构等）采取用房和通信补贴政策。

在用房补贴上，我国直播带货地方政策对直播运营商企业的租房、购房、仓储用地等不同情况采取不同形式的补贴，诸如房租百分比补贴、每平方米补贴、投资额百分比补贴等。例如，杭州市高新区（滨江）给予企业自设立或引进年度起三年内实际租用办公用房（不含展示和仓储场地）房租80%的补贴，而对直播产业项目总部在滨江区购置自用办公用房的，按所购置的办公用房（不包括附属和配套用房）建筑面积给予每平方米1000元补贴。

在技术支持上，我国直播带货地方政策采取推进5G数字基础设施建设（如广州花都、福建平潭等）、为企业定做个性化5G优惠流量套餐（如广州越秀、广州从化等）、物流费用补贴（如广州从化、福建泉州等）等方式予以一定的通信技术上的扶持和帮助。同时对于直播电商企业的研发、推广投入等进行一定的补贴，例如杭州高新区（滨江）对经区管委会、政府研究确定的重点直播产业企业创新投入优先给予支持，可按其当年实际研发投入给予最高15%的资助。

表6　我国部分直播带货地方政策（扶持类政策）中对直播运营商的扶持条例

实施地区	对直播运营商的扶持条例	
	用房补贴	通信技术及研发扶持
杭州-高新区（滨江）	1.给予企业自设立或引进年度起三年内实际租用办公用房（不含展示和仓储场地）房租80%的补贴；对经区管委会、政府研究确定的重点直播产业企业，给予企业自设立或引进年度起三年内实际租用办公用房（不含展示和仓储场地）房租100%的补贴。 2.物业购置补贴。对直播产业项目总部在滨江区购置自用办公用房的，按所购置的办公用房（不包括附属和配套用房）建筑面积给予每平方米1000元补贴，补贴总额最高不超过1000万元，且以企业购置办公用房时前三年两税对区财政净贡献为限。 3.发展空间保障。对具有发展潜力或者头部直播产业企业，且年度两税入库金额持续达到一定规模的，可给予用地支持，鼓励单个企业独立建设或多个企业联合共同建设直播产业基地。	对经区管委会、政府研究确定的重点直播产业企业，创新投入优先给予支持，可按其当年实际研发投入给予最高15%的资助。
杭州-余杭	1.对入驻孵化载体的直播电商企业，线上销售额或服务收入达到一定数额的，给予最高不超过2.5元/平方米/天（工业用地减半）的办公及仓储租金补助。 2.对购买重点楼宇自用的新入驻企业，在重点楼宇新入驻企业奖励比例基础上，补助上限提高10个百分点，并按最高3000元/平方米标准执行，购房补助按购房当年起分三年兑现。	1.对于直播电商企业的研发、推广投入等，符合模式创新、具备一定示范带动效应的，每年选择一定数量的企业，按其研发、推广等费用给予20%的补助，每年最高不超过50万元。 2.对直播电商企业年上云费用达到50万元以上的，给予上云费用20%的补助，每年最高不超过50万元。
广州-越秀		推进数字基础设施建设：支持中国电信、中国移动、中国联通等运营商为区域内直播电商基地的网络基础设施进行规划、布局和优化提升。鼓励运营商为基地和基地内直播机构量身定做个性化5G优惠流量套餐，为直播电商行业发展夯实网络基础设施。
广州-花都		支持一批直播电商5G设施建设。引导中国电信、中国移动、中国联通等运营商优先为区内直播电商基地架设5G基站。
广州-从化		1.支持中国电信、中国移动、中国联通等运营商为区域内直播电商基地的网络基础设施进行规划、布局和优化提升。鼓励运营商为基地和基地内直播机构量身定做个性化5G优惠流量套餐，为直播电商行业发展夯实网络基础设施。对充分利用从化地标性建筑，搭建直播带货平台，打造本区唯一直播地标的运营商，对其每年使用的网络专线费用，给予最高不超过年费用50%的补贴。 2.支持直播电商物流配套。支持货物快速运输保障。由从化区直播电商企业联盟统一与物流公司开展双边合作，政府每年给予从化区直播电商企业联盟50万元的补贴，各直播企业根据出货量分配补贴。

续表

实施地区	对直播运营商的扶持条例	
	用房补贴	通信技术及研发扶持
福建泉州	1.支持网上销售额超亿元，纳税超200万元的电子商务企业为业务发展在区外自建或租赁仓储，且仓储面积超5000平方米，年实际投资超200万元的，按照仓储场地购置租赁、仓储设施扩容升级等年度投资额的5%给予一次性补助，最高不超过15万元，奖励金额不超过企业对区级财政贡献总额。 2.支持企业建立海外仓，纳统的跨境电商企业自主建设或租赁仓储总面积达到500平方米以上的，年实际投资达到30万元以上的，对企业海外仓场地购置租赁、仓储设施扩容升级等费用按照年度实际投资额的10%给予补助，每家企业每年最高不超过10万元。	1.对纳统的跨境电商企业支付国际快件、邮政小包（如EMS、DHL、UPS等）等年度物流费用达200万元以上的，按其当年度实际发生国际物流费用的3%给予补助，单家企业每年最高补助15万元。 2.对利用电子商务第三方平台、自营平台实现实物商品年网络销售额超过1亿元、年纳税100万元以上、年实际网络推广费用超100万元以上的电子商务企业，按照企业年实际支出网络推广费用发票额的10%给予奖励，单家企业最高不超过20万元。
福建-平潭综合实验区		加大5G基础设施配套投入。支持各通信运营商优先为直播基地规划建设5G基站，推进产业云建设，开放政务数据服务端口赋能直播经济。鼓励各通信运营商为直播基地和基地内直播企业及机构量身定做个性化5G优惠流量套餐，降低直播平台带宽流量成本。

②入驻和上市奖励

如表7所示，我国直播带货地方政策中对直播运营商（直播电商平台、MCN机构、直播电商经纪公司、直播电商服务机构等）采取入驻和上市奖励政策。

在入驻奖励政策中，绝大多数地区对所在地区内新入驻的机构予以一定的奖励，例如广州越秀区对“新落户企业奖励：引进一批直播电商平台、MCN机构、直播电商经纪公司、直播电商服务机构等优质直播运营商，从落户当年起连续3年按照企业对区域经济社会发展综合贡献度给予奖励，范围涵盖企业开办奖励、办公用房补助”。但是一些地区的奖励需要满足一定的条件，例如福建泉州的政策规定新入驻的MCN机构需在开发区年纳税100万元以上，福建平潭综合实验区的政策规定被奖励机构需满足“签约主播超过100名以上，年度缴纳税收总额100万元以上”。

在上市奖励政策中，我国直播带货地方政策中的扶持类政策对不同上市情况（在境内主板、中小企业板、创业板上市的），在境内/外市场上市、在A股上市的不同阶段不同进度的直播电商企业都采取不同的奖励。例如广州市花都区政策针对境内外上市的企业规定“对在境内主板、中小企业板、创业板上市的直播电商企业，给予1000万元奖励；对在境外资本市场上市的直播电商企业，给予800万元奖励；对在全国中小企业股份转让系统挂牌的直播电商企业，给予100万元奖励”。

表7　我国部分直播带货地方政策（扶持类政策）中对直播运营商的扶持条例

实施地区	对直播运营商的扶持条例	
	入驻奖励	上市奖励
杭州-高新区（滨江）		对A股拟上市的直播产业企业分阶段、按进度给予400万元奖励：被区政府列为上市培育对象的企业，完成股改奖励100万元；通过浙江证监局辅导验收并获中国证监会受理的企业奖励150万元；通过中国证监会发审委审核成功上市的企业一次性奖励150万元。鼓励直播产业企业境外上市，其募集资金50%以上投资我区的，给予一次性奖励300万元。
杭州-余杭		直播电商企业拟在A股上市的，分阶段、按进度给予奖励：对列入区上市培育对象的企业，按实际支付中介服务费的50%给予补助，最高补助50万元；完成股改并报上市辅导备案后奖励100万元；递交首次公开发行股票（IPO）申请材料并获受理，一次性奖励100万元；企业成功上市，一次性奖励100万元；企业上市将募集资金的50%以上投资余杭，按实际投资余杭金额的5‰予以奖励。对直播电商企业成功境外上市给予最高1000万元奖励。
广州-越秀	新落户企业奖励：引进一批直播电商平台、MCN机构、直播电商经纪公司、直播电商服务机构等优质直播运营商，从落户当年起连续3年按照企业对区域经济社会发展综合贡献度给予奖励，范围涵盖企业开办奖励、办公用房补助。	鼓励直播电商企业通过资本市场融资做大做强，对在国内主板、科创板新上市的直播电商企业最高可给予250万元奖励；对在境内外其他证券市场、新三板新上市的企业，分别最高可给予200万元、50万元的奖励。
广州-花都	对新引进在花都注册的头部直播电商机构、MCN机构及直播电商服务机构，“一企一策”给予政策支持。	鼓励直播电商企业通过资本市场融资做大做强，对在境内主板、中小企业板、创业板上市的直播电商企业，给予1000万元奖励；对在境外资本市场上市的直播电商企业，给予800万元奖励；对在全国中小企业股份转让系统挂牌的直播电商企业，给予100万元奖励。

续表

实施地区	对直播运营商的扶持条例	
	入驻奖励	上市奖励
福建泉州	1.网红经纪公司（MCN）入驻奖励：对注册在开发区，为区内企业直播业务培育网红达人及策划的网红经纪公司，在开发区年纳税100万元以上的，按其对区级财政贡献的50%予以奖励，奖励期限2年。 2.引进亿元以上电子商务企业：对经开发区认定新入驻的，入驻首年网络销售额达1亿元以上且纳税200万元以上的电子商务企业，按企业入驻首年对区级财政贡献的50%给予奖励。	
福建－平潭综合实验区	网红经纪公司（MCN）等区内直播服务企业入驻奖励：对注册在实验区，从内容创作、粉丝流量、税收服务和商业变现等方面扶持网红发展的网红经纪公司等企业及机构，其服务签约主播超过100名以上的，年度缴纳税收总额100万元以上的，按其缴纳入库的地方级税收给予第一年85%，第二、三年50%的奖励；对达到总部经济条件的MCN等区内直播服务企业，按照总部经济政策予以奖励。	直播企业投资、信贷、上市奖励等配套政策按照现行《平潭综合实验区加快金融业发展的实施办法》给予支持。

③创收和荣誉奖励

如表8所示，我国直播带货地方政策中对直播运营商（直播电商平台、MCN机构、直播电商经纪公司、直播电商服务机构等）采取创收奖励和荣誉奖励政策。

在创收奖励政策方面，普遍来说，我国直播带货地方对通过直播方式带货销售额达到一定数量的直播运营机构或以纳税及其他方式对地区经济贡献达到一定程度的直播运营机构予以奖励。

在荣誉奖励政策方面，各地区对所在地区获得国家、省、市级以上荣誉的直播电商机构予以一定的奖励或者自行依据一定的条件对相关企业进行评选，授予荣誉称号，予以一定的奖励，如住房补助、活动经费支持、现金奖励等。例如广州花都区的政策规定对获得各大直播电商平台官方认证的MCN机构以及获评国家、省、市、区电商示范的企业予以一定奖励，同时也自行评选十大“花都优秀直播电商”给予购置人才安居用房奖励。

表8　我国部分直播带货地方政策（扶持类政策）中对直播运营商的扶持条例

实施地区	对直播运营商的扶持条例	
	创收奖励	荣誉奖励
杭州—余杭	1.直播平台通过直播方式年带货销售额达2亿元、5亿元、10亿元的，分别给予50万元、100万元、200万元奖励。 2.获得上述奖励后，次年通过直播方式年带货销售额达2亿元且年增长50%以上的、5亿元且年增长30%以上的、10亿元且年增长20%以上的，分别再给予50万元、100万元、200万元奖励。 3.对年实际贡献20万元以上的直播电商企业，三年内根据其实际贡献给予奖励，奖励比例最高不超过80%。	1.对于获得国家、省、市级以上政府（或部门、行业协会）颁发荣誉的直播电商企业，分别给予一次性50万元、30万元、10万元奖励。对于获得知名直播电商平台官方颁发的国际性、全国性荣誉的企业，给予一次性10万元奖励。 2.优先推荐直播电商企业申报我区鲲鹏企业（估值10亿美元及以上）、准鲲鹏企业（估值1亿美元及以上）及鲲鹏计划培育企业（估值3亿元人民币及以上），通过评审后，对其研发人才、设备购置以及经认定的研发服务外包等研发投入，分别给予三年累计最高1亿元、3000万元、600万元补助，并优先给予产品应用推广、活动经费支持、知识产权保护、金融专项服务、要素空间保障等方面的支持。
广州—越秀		通过政府指导、协会组织的方式，评选“越秀区十大直播电商运营商”，并给予相关奖励。
广州—花都		1.对获得各大直播电商平台官方认证的 MCN 机构，在我区注册纳税并营运一年以上的给予 10 万元奖励。对获评国家、省、市、区电商示范企业的，按照其对区域经济发展贡献给予奖励，单个企业最高 500 万元，主要用于企业租金、装修、设施补贴。 2.每年评选十大“花都优秀直播电商”，按市场价的 70%给予购置人才安居用房奖励。
广州—从化	直播带货部分对地方经济发展贡献超过10万元的企业，连续两年按照其对地方经济贡献度给予奖励，首年最高奖励为对地方经济贡献的50%，第二年最高奖励为对地方经济贡献的30%。	对获得国家、省、市直播电商示范企业称号的企业，分别给予10万元、5万元、3万元的一次性奖励。
福建泉州		对于新获批国家级电商示范基地（园区）及企业的，分别给予一次性50万元、25万元奖励，奖励金额不超过企业对区级财政贡献总额。
福建—平潭综合实验区	自纳税期起三年内，直播平台符合平台经济条件的，企业年度纳税总额达到500万元及以上的，按其缴纳入库地方级税收（不含个人所得税）的70%予以奖励；年度缴纳税收总额达到2000万元及以上的，按其缴纳入库地方级税收（不含个人所得税）的75%予以奖励；年度缴纳税收总额达到1亿元及以上的，按其缴纳入库地方级税收（不含个人所得税）的85%予以奖励；年度缴纳税收总额达到2亿元及以上的，按其缴纳入库地方级税收（不含个人所得税）的95%予以奖励。	举办十大网红、十大网红打卡点等评选活动。通过政府指导、协会组织的方式，联动各大网红直播平台，每年分别评选的10名（家）“平潭国际旅游岛网红”“平潭国际旅游岛优秀直播商”“十大网红打卡点”，颁发证书，树立行业标杆，营造良好直播电商产业发展氛围。

④其他扶持

如表9所示，除了上述这些较为多数的我国直播带货地方政策（扶持类政策）对直播运营商（直播电商平台、MCN机构、直播电商经纪公司、直播电商服务机构等）的补贴、奖励的扶持外，还有少数其他特有的对直播运营商的扶持政策。

例如杭州市高新区（滨江）地区直播带货扶持政策中的运营费用资助，广州越秀区帮助直播运营商对接优质直播间装修设计团队，杭州余杭区和福建平潭综合实验区政策中对行业相关国际标准、国家标准、行业标准、全国性团体标准的起草单位的奖励等。这些都充分体现了我国直播带货地方政策（扶持类政策）对直播运营商扶持的全面性、多样性。

表9　我国部分直播带货地方政策（扶持类政策）对直播运营商的其他扶持

实施地区	对直播运营商的其他扶持
杭州－高新区（滨江）	运营费用资助： 对头部MCN机构，自设立或引进三年内给予一次性最高50万元运营经费资助，用于支持机构直播基础设施建设、宣传活动组织、主播孵化培育等。
杭州－余杭	1.签约奖励： MCN机构独家签约年带货销售额5亿元以上顶级头部主播的，经联席认定后，给予500万元奖励；MCN机构独家签约3名以上主播（每名主播年带货销售额5000万元以上）的，给予一次性50万元奖励；MCN机构独家签约主播，每新增一名年带货销售额1000万元以上的给予5万元奖励，每新增一名年带货销售额3000万元以上的给予10万元奖励，每新增一名年带货销售额5000万元以上的给予20万元奖励，每年最高不超过50万元。上述三条企业可以同时享受。 2.投融资支持： 鼓励直播电商企业积极申报余杭政策性融资担保、让利性股权投资基金和天使梦想基金，对区内企业按1%的担保费提供融资担保服务，单个项目最高可获得1000万元的融资担保；对通过区级评审的项目，可享受最高2000万元的让利性股权投资引导基金；对通过区级评审的海内外人才项目，可申请最高1000万元天使梦想基金资助。 3.起草单位奖励： 对正式颁布直播电商相关国际标准、国家标准、行业标准、全国性团体标准和浙江省市地方标准（包括市级以上团体标准）中位列前五位的主要起草单位，分别给予100万元、50万元、30万元、20万元和10万元一次性奖励。
广州－越秀	助力对接直播间装修设计团队： 鼓励优质直播间装修设计团队在越秀区落地，助力为直播电商运营商打造高标准、高水平的专业直播间。

续表

实施地区	对直播运营商的其他扶持
广州-花都	投融资支持： 充分发挥国家绿色金融改革创新试验区的试点优势，支持各大金融机构提供全方位的融资服务，对以商业贷款方式获得绿色贷款的直播电商企业，按其贷款金额1%给予每年最高100万元的补贴；对在花都区发行绿色债券的直播电商企业，按其发行债券金额的1%给予每年最高100万元的补贴。对购买绿色保险的直播电商企业，按其投保绿色保险保费的30%给予补贴，每家企业每年最高给予10万元补贴。
福建-平潭综合实验区	起草单位奖励： 对正式颁布直播行业相关国际标准、国家标准、行业标准、全国性团体标准和福建省地方标准中位列前五位的主要起草单位，分别给予100万元、50万元、30万元、20万元、10万元的一次性奖励。

（3）对直播孵化器（园区、基地）和培训机构的扶持政策

如表10所示，我国直播带货地方政策（扶持类政策）中绝大多数包含对直播孵化器（园区、基地）和培训机构的扶持。

我国直播带货地方政策对符合一定条件的直播孵化器（园区、基地）予以奖励，各地区的奖励标准不同，根据研究发现，大致依据占地面积（如杭州市高新区等）、年收益额（如福建平潭）、示范基地称号（如广州花都）等几个标准予以奖励。例如杭州市高新区（滨江）政策规定“支持打造直播产业特色园区（楼宇），对直播产业企业承租面积超过10000平方米且占园区（楼宇）总面积60%以上的，给予园区（楼宇）运营机构20万元资助”，这是以直播园区占地面积作为奖励标准。

同时，还对符合一定条件的直播带货行业培训机构予以一定的奖励，受到奖励的培训机构需要符合向企业输送一定数量的直播从业人员的标准。例如广州市花都区政策规定“对在区内注册并实施主播培训孵化的专业机构进行扶持，为本地企业输送50人、100人、200人以上网红主播（在知名平台拥有粉丝量超10万、为本地企业带货超100万元以上）的，最高分别给予10万元、20万元、30万元奖励”。

表10　我国部分直播带货地方政策（扶持类政策）对直播孵化器和培训机构的扶持

实施地区	对直播孵化器（园区、基地）的扶持政策	对行业相关培训机构的扶持政策
杭州－高新区（滨江）	支持打造直播产业特色园区（楼宇），对直播产业企业承租面积超过10000平方米且占园区（楼宇）总面积60%以上的，给予园区（楼宇）运营机构20万元资助。	
杭州－余杭	1.商务楼宇计容建筑面积3000平方米以上，工业园区计容建筑面积15000平方米以上，公共配套面积占总面积的8%以上；配套设施完善，运营管理权清晰，有专职人员管理运营，能够为企业提供技术、信息、资本、供应链、市场对接等各类创业服务；入驻的企业为直播电商产业链相关企业且符合我区产业导向、产业关联度高。符合上述条件的孵化载体，给予每年最高500万元补助奖励。 2.对获得知名直播平台授牌或区级以上认定的直播电商孵化载体，直播间数量10间（含）以上，签约本地品牌数量10个（含）以上，孵化载体合计年营收达到5000万元以上的（不包含货物销售金额），给予每年100万元的奖励，取消授牌的不予奖励。	支持经区级及以上电子商务主管部门认定的，注册在我区的专业培训机构开展直播电商人才培训，对培养的学员被区内企业成功录用并就职半年以上，且当年底仍在本区企业就业的（按每年单个企业参加培训总人数不超过10人计，区内企业输送的学员参照执行），给予培训机构1500元/人的一次性补助，每家培训机构每年的补助不超过30万元。
广州－越秀	以具备条件的商务楼宇、专业市场、主题街区、国有闲置物业等为载体，推动内容制造、视频技术、直播场景等“一站式”直播基础设施建设，打造越秀区“直播电商基地”，并对“硬件”改造、“软件”升级的基地，最高给予300万元奖励。	
广州－花都	支持区内有条件的园区（建筑面积1万平方米以上）打造直播电商产业示范园区（基地），进行内容制造、视频技术、直播场景等“一站式”直播基础设施建设，专注做强做大直播电商产业。对经国家、省、市认定的直播电商产业园区（基地），最高分别给予运营方50万元、30万元、20万元的一次性奖励。	对在区内注册并实施主播培训孵化的专业机构进行扶持，为本地企业输送50人、100人、200人以上网红主播（在知名平台拥有粉丝量超10万、为本地企业带货超100万元以上）的，最高分别给予10万元、20万元、30万元奖励。
广州－从化		鼓励专业机构定期组织传统商贸企业、专业市场商家、各级干部、大学生、农民等进行直播电商专业基础知识培训和技能培训，构建直播电商人才支撑体系。对开展直播电商相关业务培训的专业机构，按年度实际培训费用支出的50%给予补贴，最高不超过10万元。

续表

实施地区	对直播孵化器（园区、基地）的扶持政策	对行业相关培训机构的扶持政策
福建泉州	1.对获得主流平台授牌的直播基地牌照或相关认可的牌照，直播基地占地面积超过1000平方米，直播间数量超过10间，机构注册活跃主播人数超过20人，每年帮助区内注册企业带货量超1亿元，且年实际投资额（不含租金）超200万元以上的直播基地，按其年投资额（不含租金）的20%给予直播基地奖励，每家企业奖励最多不超过2年，奖励金额不超过企业对区级财政贡献总额。 2.对年度电商网上销售额超1000万元、对区级财政贡献超10万元的纳统企业累计超过10家且纳税数据填报半年以上的，给予电商综合体5万元奖励。 对建筑面积超过10000平方米、年度投资额达200万元以上、入驻电商企业20家以上的电商综合体，按不超过电商综合体年度投资额10%给予奖励，最高不超过30万元，原则上奖励金额不超过电商综合体运营单位区级财政贡献总额。以上奖励按就高原则，不重复享受。	注册在开发区的网红培训机构，年培训主播150人以上，每年毕业主播至少50人与区内企业签订一年以上直播业务劳动合同，并按时缴纳社会保险费一年以上的，给予培训机构（不含关联机构）10万元一次性奖励。
福建-平潭综合实验区	1.鼓励以具备条件的电商园、创业园、新兴产业园、商务楼宇、专业市场、主题街区、大型闲置商业综合体等为载体，推动内容制造、视频技术、直播场景等“一站式”直播配套设施建设，对使用面积10000平方米以上，配套设施完善，运营管理权清晰，有专职人员管理运营，能够为企业提供技术、信息、金融、供应链等各类服务的，按投资改造（不含租金）的30%一次性给予直播基地奖励，最高不超过500万元。 2.对获得知名直播平台授牌的直播电商孵化载体，直播间数量10间（含）以上，孵化载体合计年营收达到200万元以上的（不包含货物销售金额），给予每年20万元奖励。	支持网红直播相关企业与区内院校、院所共同筹建直播商学院及培训中心，进一步优化直播电商发展环境，积极扶持在我区注册并在我区实施主播培训孵化的专业培训机构和单位，更好地吸引、留住各类直播人才来我区创新创业，对培养的学员被区内企业成功录用并就职半年以上的（按每年单个企业参加培训总人数不超过10人计，区内企业输送的学员参照执行），给予培训机构1500元/人的一次性补助，每家培训机构每年的补助不超过30万元。

（4）对其他行业主体的扶持政策

如表11所示，除了上述这些较为多数的我国直播带货地方政策（扶持类政策）中对行业相关主体（主播、运营商、直播基地、培训机构）的政策规定外，政策中还存在少数对其他行业主体的规定，包括品牌方、技术机构、政府工作人员等。

在对品牌方的扶助政策方面，据不完全统计，对委托第三方企业通过直播方式销售产品的品牌方，当地政策予以佣金补贴或税收奖励；对以自播方式销售产品且销量达到一定数额的品牌方予以服务费补贴或税收奖励。例如福建省平潭综合实验区的政策规定“对区内企业委托区内、区外第三方服务企业通过直播方式销售产品，且年直播应税销售额100万元以上的，对其产生的佣金分别给予20%和10%的补助，每年最高不超过20万元；区内企业通过直播方式带货且年销售额达1000万元以上的，按其缴纳入库的地方级税收给予第一年70%，第二、三年50%奖励；达到总部经济条件的，按照总部经济政策予以奖励”。

此外，福建省泉州市规定了对技术部门的扶助条例，“对为区内企业直播业务提供平台开发、软件开发、软件服务、广告设计、网络推广、视频拍摄等配套服务的机构，在开发区年纳税100万元以上，且为区内企业直播业务服务费用占机构年度营业收入50%以上的，按其对区级财政贡献的50%予以奖励，奖励期限2年”。福建省平潭综合实验区的政策还“鼓励公务员带头参与公益性直播，开展招商、带货、宣传等活动”。

表11　我国部分直播带货地方政策（扶持类政策）对其他行业主体的扶持政策

实施地区	对其他行业主体的扶持政策		
	品牌方	技术机构	政府工作人员
杭州-余杭	企业委托区内和区外第三方服务企业通过直播方式销售产品，且年直播纳税销售额100万元以上的，对其产生的佣金分别给予20%和10%的补助，每年最高不超过20万元；企业委托区内和区外第三方服务企业通过跨境直播方式销售产品，且出口跨境电子商务线上交易额达到10万美元以上的，对其产生的直播服务费用分别给予20%和10%的补助，每年最高不超过20万元。		

续表

实施地区	对其他行业主体的扶持政策		
	品牌方	技术机构	政府工作人员
福建泉州	对委托区内直播企业网红带货的客户（不含已在区内注册的企业或者区内企业新注册的关联企业），在开发区设立销售公司（不含分公司），且在开发区年纳税100万元以上的，按其对区级财政贡献的50%予以奖励，奖励期限2年。	对为区内企业直播业务提供平台开发、软件开发、软件服务、广告设计、网络推广、视频拍摄等配套服务的机构，在开发区年纳税100万元以上，且为区内企业直播业务服务费用占机构年度营业收入50%以上的，按其对区级财政贡献的50%予以奖励，奖励期限2年。	
福建-平潭综合实验区	对区内企业委托区内、区外第三方服务企业通过直播方式销售产品，且年直播应税销售额100万元以上的，对其产生的佣金分别给予20%和10%的补助，每年最高不超过20万元；区内企业通过直播方式带货且年销售额达1000万元以上的，按其缴纳入库的地方级税收给予第一年70%，第二、三年50%奖励；达到总部经济条件的，按照总部经济政策予以奖励。		发挥政府工作人员带动作用。经组织程序批准，鼓励公务员带头参与公益性直播，开展招商、带货、宣传等活动；参照科特派政策，支持事业单位工作人员，带头参与直播创业，共同推动实验区直播行业发展。

（5）对直播带货相关活动的扶持政策

如表12所示，我国直播带货地方政策（扶持类政策）中普遍存在对直播带货相关活动的扶持政策。

总体上，现实各地区积极鼓励各机构举办或承办直播行业会议和活动。对在当地举办的直播带货相关的活动，依据活动的影响力和规模予以补助，借此提升该地在直播带货行业的受关注度和影响力。例如杭州高新区（滨江）规定“对由直播产业企业主办，且举办地设在我区，在全国乃至全球有较大影响的特色行业活动（品牌赛事），按活动实际支出50%，给予最高100万元的奖励”。

表12　我国部分直播带货地方政策（扶持类政策）对直播带货相关活动的扶持政策

实施地区	对直播带货相关活动的扶持政策
杭州-高新区（滨江）	品牌活动奖励。对由直播产业企业主办，且举办地设在我区，在全国乃至全球有较大影响的特色行业活动（品牌赛事），按活动实际支出50%，给予最高100万元的奖励。
杭州-余杭	鼓励行业组织、直播平台、MCN机构等举办直播电商行业重大活动，按照活动的规模、等级给予补助。活动影响力主要在产业平台范围内的，单次补助最高20万元（在省级特色小镇核心区块开展的活动单次补助最高30万元）；对评定为影响力在区级以上的活动，单次补助最高500万元。
广州-越秀	鼓励专业机构每年定期举办“品牌一网红交易会”“中国直播电商发展（广州越秀）高峰论坛”等活动，邀请各大主流电商平台、MCN机构、供应链企业、网红主播参加，对在越秀区组织举办直播电商行业活动和会议的机构，经认定给予主办方最高200万元奖励。
广州-花都	支持行业商协会在本区举办或承办具有行业影响力的重大活动（直播电商博览会、高峰论坛会议、网红评比大赛、年度直播带货大赛等），经认定，根据其规模、影响力，按照活动实际发生费用的 30%给予最高不超过30万元活动补贴。
广州-从化	通过政府引导、市场主导，鼓励行业协会和企业在我区举办或承办具有行业影响力的直播电商活动［中国直播电商发展（广州）高峰论坛、中国直播电商广州交易会、直播电商博览会、年度直播带货大赛等］，根据其规模、影响力，按照活动实际发生费用的30%给予补贴，最高不超过30万元，年度总补贴费用不超过100万元。
福建-平潭综合实验区	举办一批网红直播行业会议和活动。鼓励专业机构每年定期举办网红直播品牌交易会、高峰论坛、网红评比大赛、年度直播带货大赛等活动和会议，邀请各大主流电商平台、MCN机构、供应链企业、网红主播参加，提高实验区在网红直播行业的受关注度和影响力。对在平潭组织举办符合重大展览和会议项目条件的网红直播行业会议和活动的，予以直接认定，协调相关活动支持事项，并按照会展业政策予以奖补。

（6）对重复奖励的规定

表13　我国部分直播带货地方政策（扶持类政策）对重复奖励的规定

实施地区	重复奖励规定
杭州-高新区（滨江）	同一项目获得多项资助（奖励）的，按“从高、从优、不重复”原则进行资助（奖励）。
杭州-余杭	项目由低等次向高等次升级的，在同一年度实行就高奖励。
广州-越秀	国家、省、市出台相关支持政策的，我区遵照执行。同一事项同时符合我区和上级多项政策规定的，执行完上级政策后，执行区级措施将按照就高不重复的原则予以扶持。
广州-花都	企业同时符合本办法及省、市、区其他奖励扶持政策的同类优惠条件，按照从高不重复的原则执行。
广州-从化	同一事项同时符合我区和上级多项政策规定的，执行完上级政策后，执行区级措施将按照就高不重复的原则予以扶持。
福建-平潭综合实验区	本措施实施过程中，如国家、省出台新规定的，从其规定执行。与区级其他优惠措施重复的，可择优享受；与国家、省级奖励措施重复的，可重复享受。

我国直播带货地方政策在规定了针对主播、直播运营商、直播孵化器（园区、基地）、品牌方、直播电商培训机构、技术机构、政府相关人员等相关主体的扶持政策以及对举办直播电商活动的相关奖励外，还包含了一项重要的规定，即对重复奖励的奖励原则。

如表13所示，可以发现，普遍情况下，对于同一项目同时符合该区与上级国家、省、市政策规定的情况，政策规定采取“从高、从优、不重复”的奖励原则。杭州高新区（滨江）、余杭区以及广州市越秀区、花都区、从化区均相同。但是也存在特殊情况，福建省平潭综合实验区的政策对重复奖励情况的规定与其余普遍情况并不相同，福建省平潭综合实验区的政策规定“（奖励）与区级其他优惠措施重复的，可择优享受；与国家、省级奖励措施重复的，可重复享受”。

（二）行动方案（行动计划）类政策的主体内容

从总体上看，我国直播带货地方政策中行动方案（行动计划）类政策规定了在未来的2到3年时间内，该地区发展直播带货行业的主要任务以及完成该任务必要的保障措施。各地地方政策规定的主要任务和保障措施在总体上相同，但是也有自己的独特规定，并且不同地方政策对同一条例在主要任务和保障措施上的归属有所差异。

（1）政策规定的主要任务

①主要任务的几大类别

根据研究发现，我国直播带货地方政策中行动方案（行动计划）类政策规定的主要任务大部分均包含以下几类，具体分为“打造直播电商产业集群”“推动直播电商在各个领域的‘直播电商+’应用”“构建直播电商人才支撑体系”“营造直播电商发展良好氛围”这四个大类，但是在各类别内部可能又存在着个体的差异。

第一，据研究发现，各地方政策均提出“打造直播电商产业集群”这一发展直播带货主要任务，针对这一任务，又细分为“培育一批直播电商基地”“做大做强直播电商主体”“打造直播电商供应链企业”三项任务。推动各大产业带加快内容制造、视频技术、直播场景等“一站式”直播基础设施建设，打造一系列“直播+”集聚区，培养发展一批优质主播，建设打造一批直播电商基地。加大主播个性化包装设计和技能培训力度，推动主播培育与网货供应链建设协同发展，支持主播与品牌资源深化合作，形成一批优质头部、腰部主播。孵化和引进国内外优质直播电商第三方云计算服务公司、直播电商平台、直播机构、MCN机构、直播电商服务机构等，提升直播电商服务能力和运营能力。构建直播电商新型供应链，建立适应直播电商带货要求的供应链快速灵活响应机制，打通设计研发、生产制造、流量达人、品牌打造、内容分享、线下网点、仓储物流等全渠道资源，提高行业运转效率。

第二，各地方政策均提出“推动直播电商在各个领域的‘直播电商+’应用”这一类发展直播带货主要任务，但是各地制定的具体细分任务各不相同。例如广东省广州市《广州市直播电商发展行动方案（2020—2022）》从这一任务出发，制定了推动直播电商赋能专业批发市场、扶贫领域、“夜经济”领域、传统商贸领域以及其他直播电商可应用领域的发展任务，并鼓励直播电商与5G技术、VR技术、AR技术相结合。而辽宁省营口市《营口市直播电商发展行动计划（2020—2022）》则提出“直播电商+特色产业”“直播电商+精准扶贫”“直播电商+县域经济”“直播电商+商圈”“直播电商+跨境”“直播电商+展会”“直播电商+反向定制”“直播电商+手艺人”等八项发展任务。可以看出，各地方政策针对“推动直播电商在各个领域的‘直播电商+’应用”这一类发展直播带货主要任务提出的任务有相同之处，例如“直播电商+精准扶贫”政策，但是也会依据地区特色提出创新理念。

第三，各地方政策均提出“构建直播电商人才支撑体系”这一类发展直播带货主要任务，针对该任务，多数地区制定三大细分任务，即“开展多层次、全方位公益普及性直播电商培训”“组织新人主播培养”“扶持培育网红达人”三项任务。

“开展多层次、全方位公益普及性直播电商培训”，即定期举办网红经济专题讲座、直播电商基础知识授课和直播电商技能大赛，吸引民众了解直播、参与直播，并且组织传统商贸企业、专业市场商家、传统电商从业人员、大学生等从事或者计划从事直播电商的单位或者个人进行直播电商专业基础知识培训，引导相关单位和个人学习直播电商、应用直播电商，培养一批网红主播苗子；“组织新人主播培养”，即依托专业直播电商培训机构、主播孵化机构，重点组织对新人主播进行个性化包装设计，学习自媒体、短视频、电子商务等业务知识，培训粉丝互动技巧，培养良好的心理素质和吸粉能力，通过直播带货实操，培育与产品匹配的主播与团队，帮助专业市场商家和商贸企业培育输送专业对口的主播与直播团队，培养一批腰部及腰部以下网红主播；“扶持培育网红达人”，即依托直播机构和MCN机构，在机构资源和资本的有力支持下，针对专业主播进行包装和打造，保障内容的持续输出，整合电商平台、供应链等行业资源，帮助主播与外部品牌或者资源合作，从而最终实现商业效益，力争培养一批头部网红。

此外，少部分地区如浙江省金华市义乌市还制定院校联合培训任务，要求各类院校要加强网红直播专业课程建设，建设网红直播电商创业孵化基地和全国高校直播电商人才中转站，打造直播电商人才培育和培训中心。

第四，各地方政策均提出“营造直播电商发展良好氛围”这一类发展直播带货主要任务，通过“加大舆论宣传力度”和“举办各类论坛和活动”这两个途径营造浓厚的直播电商发展氛围。“加大舆论宣传力度”，即充分利用新闻媒体资源，大力宣传直播电商产业发展情况，宣传品牌直播机构、MCN机构、网红品牌和带货达人，营造浓厚的直播电商发展氛围，推动直播电商产业健康快速发展。“举办各类论坛和活动”，联动各大直播电商平台，每年举办直播电商带货大赛等具有行业影响力的大型活动，评选一批素人网红、培育一批网红品牌，扩大直播电商的知名度和影响力，营造良好产业发展氛围。此外，少数地区政策，如广州市、义乌市两地直播带货行动计划政策，提出“建立直播电商‘诚信规范经营’认证机制”，采取政府指导、协会组织、社会参与的方式，对直播电商从业人员和机构进行“诚信规范经营”评选认证，树立行业标杆，营造良好产业发展氛围，推动行业可持续健康发展。

②部分独特的主要任务规定

除上述归纳的我国直播带货地方政策中行动方案（行动计划）类政策规定的主要任务的四大类别外，部分地方政策中也包含其余一些独特的主要任务规定。

广东省广州市《广州市直播电商发展行动方案（2020—2022）》中提出“加强直播电商顶层设计”这一直播电商发展主要任务。提出要“建立直播电商行业智库。以行业商协会和联盟为主体，邀请大专院校、科研机构以及直播电商企业的专家学者和直播行业权威人士参加，组建一个直播电商行业智库（专家委员会），承担广州市直播电商行业发展规划研究，提出行业发展建设性意见，为政府部门决策提供智力支撑”，并且“定期发布行业分析报告。依托相关行业商协会、电商平台企业，组织专业力量进行市场调研和行业研究，定期发布直播电商行业发展情况报告，客观反映我市直播电商行业发展现状，为政府决策引导、企业经营发展提供指导”。

山东省菏泽市《菏泽市直播电商发展行动方案（2020—2022年）》

和浙江金华义乌市《义乌市加快直播电商发展行动方案》均提出要“加强与知名平台合作。加强与淘宝直播、抖音、快手等直播平台合作”。

而山东省菏泽市、济南市，浙江省金华市义乌市政策则提出“鼓励出台支持直播电商发展的政策文件”，全力支持以直播电商为代表的电子商务新业态发展，形成政府引导、市场主导的政企联动局面。

③义乌市政策的独特差异

根据研究发现，义乌市直播带货政策《义乌市加快直播电商发展行动方案》同其余地方行动方案（行动计划）类直播带货政策存在一个明显的差异，即义乌市直播带货行动方案条例中采用了直接的数据表明本地区的任务要求，而其余地方行动方案（行动计划）类直播带货政策对主要任务的表述均较为笼统和含糊。例如义乌市规定“依托专业直播电商培训机构，对直播电商从业者进行个性化专业化技能培训，提升新人主播的专业水平和带货能力，培养500名中腰部及以上网红主播、10000名带货达人”，数据准确清晰。而其余地方政策如广州市政策规定仅仅表述为“通过直播带货实操，培育与产品匹配的主播与团队，帮助专业市场商家和商贸企业培育输送专业对口的主播与直播团队，培养一批腰部及腰部以下网红主播”，并未明确点明具体任务要求。

（2）政策规定的保障措施

保障措施是我国直播带货地方政策中行动方案（行动计划）类政策的另一大主要内容。研究发现，政策中主要提及了加强组织领导，建立工作机制，完善监管和督查体系，优化政策支持、加强政策引导这四大保障措施，确保直播电视行动方案和计划的正常、有序、顺利实施。

①加强组织领导

政策规定各级部门应高度重视直播电商新业态发展，强化对直播电商新业态的认识，加大对产业发展动态、趋势的研判力度，将发展直播电商列入年度商务重点工作。

同时应当成立由政府分管领导任组长、各镇街和相关部门负责人为成员的直播电商发展工作领导小组，定期研究直播电商重大项目、重要事项，各部门协同配合，按照职能分工，指定专人负责，明确责任主体，构建绩效评价办法，有序推进各项工作落实。并且及时协调解决直播电商发展过程中遇到的困难和问题，帮助企业营造良好的发展环境。

②建立工作机制

政策规定应当建立联合工作机制、调研机制、协调推进机制等工作机制，推动直播带货行业发展。

建立政府部门、行业协会、电商企业、专业批发市场（商贸企业）共同参与的联合工作机制，各部门共同推动直播电商发展合力，组织“直播电商+”对接活动，促进直播电商与商贸领域融合发展。

建立调研机制，赴直播电商发展较好的城市调研，学习借鉴先进城市经验做法，指导本地区直播电商行业发展；加强对本地区重点企业实地调研，了解企业发展情况，定期发布直播电商行业发展报告，及时解决产业发展遇到的问题瓶颈，推动企业做强做大。

建立协调推进机制，实施政府领导联系重点企业制度，协调解决直播经济发展中的问题和困难。

③完善监管和督查体系

政策规定应当建立和完善市场监管体系和政府部门工作督查体系。

实行包容审慎监管方式，健全完善市场监管部门、网络直播平台和广大消费者共同参与的纠错容错机制。加强对直播电商平台及商家经营行为的监测与指导，推动主播合法合规开展直播电商带货，督促平台承担网店、内容生态、交易安全、广告等相应监管责任，鼓励建立行业信用信誉评定、奖惩等机制，着力保障消费者合法权益，禁售假冒伪劣产品，促进直播电商健康、有序、创新发展。

强化政府部门工作督查考核体系。各单位结合自身工作职责及责任分工，明确年度工作目标、时间表和责任人。市场发展委应将直播电商发展工作纳入市场发展考核体系，对任务完成情况进行通报，确保高质量完成各项工作任务。

④优化政策支持，加强政策引导

政策规定各地应当结合自身特色和优势，制定相应的扶持政策，对直播电商予以倾斜支持，鼓励出台机构引进、培训补贴、税收奖励、人才引进、就业等优惠扶持政策，积极引进直播电商平台、MCN机构、网红达人等，全力支持以直播电商为代表的电子商务新业态发展。

同时对影响力大、行业发展带动作用强的项目可报上级政府审议。各部门应当积极争取国家、省级各项优惠政策。支持各地根据新业态特点，创新扶持政策，综合利用各种优惠办法，促进产业健康快速发展。

⑤其余保障措施

除了上述四个主要措施外，发挥行业商协会作用、加大人才支撑、加大舆论宣传力度、强化发展研究这四项保障措施也在政策中出现。

山东省青岛市《青岛市直播电商发展行动方案（2020—2022年）》将发挥行业商协会作用作为一项保障措施。政策提到应当“充分发挥行业商协会等社会组织和市场主体的作用，编写直播电商行业规范，筹划组织直播带货大赛等具有行业影响力的大型活动，形成政府引导、市场主导、行业协会‘搭桥’的政企联动局面，推动直播电商行业健康快速发展”。此外山东省青岛市也将加大舆论宣传力度作为政策的有效保障措施之一。政策规定“充分利用各种媒体资源，大力宣传我市直播电商产业发展情况，宣传品牌直播机构、MCN机构、网红品牌和带货达人，营造浓厚的直播电商发展氛围，推动直播电商产业健康快速发展”。

重庆市《重庆市加快发展直播带货行动计划》将加大人才支撑作为政策保障措施之一。“围绕直播电商人才培训，指导区县与行业协会等举办直播专题讲座、技能提升培训班。鼓励市内大中专院校与国内知名直播电商平台或服务机构深化合作，开展直播电商人才培养，推动国家职业教育体系流通数字化运营岗位等试点，积极储备直播电商人才”。

浙江省金华市义乌市《义乌市加快直播电商发展行动方案》中提出要“强化发展研究。组建直播电商行业智库，充分学习先进经验，开展直播电商行业发展规划研究，提出行业发展建设性意见，促进我市直播电商行业发展”。

（3）各地区主要任务和保障措施的交错

综合以上对各地区行动方案/计划类直播带货地方政策的主要任务和保障措施两大内容的分析，可以发现，不同地区对主要任务和保障措施的界定有所差异，在某地区作为主要任务的政策可能在另一地区就成为保障措施，在某地区作为保障措施的政策可能在另一地区就成为主要任务。

这一点具体可以从优化政策支持、加大舆论宣传、加大人才支撑等政策中体现出来。例如，山东省菏泽市、山东省济南市、浙江省金华市义乌市将“鼓励出台支持直播电商发展的政策文件”作为直播带货政策中的主要任务，而其余地区将其列为保障措施；山东省青岛市《青岛市直播电商发展行动方案（2020—2022年）》将加大舆论宣传力度作为政策的有效保障措施之一，而其余地区则将其列为发展直播带货行动方案中的主要任务之一。

第二章

企业/平台出台制度与措施

第一节　品牌与构成

表14　我国部分直播带货企业/平台政策名称、发布平台及其发布（实施）时间

<table>
<tr><th colspan="2">制度与措施</th><th>企业/平台</th><th>发布（实施）时间</th></tr>
<tr><td colspan="2">京东11项补贴措施</td><td>京东</td><td>2020.2.2</td></tr>
<tr><td colspan="2">“京喜”推出16项支持措施</td><td>京东旗下平台“京喜”</td><td>2020.2.6</td></tr>
<tr><td colspan="2">“4+2”扶持政策</td><td>京东直播</td><td>2020.2.13</td></tr>
<tr><td rowspan="3">陪伴永不停歇</td><td>商家开播激励</td><td rowspan="3">淘宝</td><td rowspan="3">2020.2.8</td></tr>
<tr><td>门店导购计划</td></tr>
<tr><td>主播机构开播福利</td></tr>
<tr><td colspan="2">吃货助农</td><td>淘宝</td><td>2020.2.6</td></tr>
<tr><td colspan="2">线上不打烊</td><td>抖音</td><td>2020.2.11</td></tr>
<tr><td colspan="2">中小企业护航计划</td><td>巨量引擎、抖音、飞书</td><td>2020.2.14—2020.3.15</td></tr>
<tr><td colspan="2">宅家云逛街</td><td>抖音、巨量引擎</td><td>2020.3.4—2020.4.30</td></tr>
<tr><td colspan="2">2020春风计划</td><td>幸福里、抖音</td><td>2020.3.20</td></tr>
<tr><td colspan="2">“湖北重启，抖来助力”抖音援鄂复苏计划</td><td>湖北省互联网信息办公室、湖北省商务厅、湖北省农业农村厅与抖音联合</td><td>2020.4.8</td></tr>
<tr><td colspan="2">产业带商家扶持计划</td><td>抖音</td><td>2020.5.1—2020.6.30</td></tr>
<tr><td colspan="2">致快手商家的一封信</td><td>快手</td><td>2020.2.6</td></tr>
</table>

续表

制度与措施	企业/平台	发布（实施）时间
光合计划	快手	2020.7.23
直播企动计划	小红书	2020.7.6—2020.8.30
品牌扶持计划	小红书	2020.7.23—2020.7.31
致腾讯直播商家及内容创作者的一封信	腾讯	2020.7.20

（一）品牌与名称

据不完全统计，根据研究发现，我国直播带货相关的企业/平台出台制度与措施名称主要有两种类型。一种是有特定名称的计划，例如巨量引擎、抖音、飞书共同企划的“中小企业护航计划”和小红书平台的“品牌扶持计划”等；另一种制度并没有具体的名称，而是直接以公告的形式呈现，例如京东平台发布的11项补贴政策和腾讯平台“致腾讯直播商家及内容创作者的一封信”等。

（二）实施时间

首先，在政策发布时间方面，如表14所示，我国企业或平台发布的直播带货相关政策的时间较为分散，2020年2月发布的直播带货相关政策较多，在2020年2—7月均有政策发布。

其次，据不完全统计，除未明确指出实施时间范围的政策外，我国企业或平台直播带货相关政策实施的持续时间在9天到2个月不等。小红书“品牌扶持计划”仅在2020年7月23日至2020年7月31日这9天实施，而抖音“产业带商家扶持计划”政策自2020年5月1日实行，直到2020年6月30日终止，持续时间长达2个月。

此外，除总体政策的实施时间范围外，政策中部分条例的实施时间范围可能会与整体政策时间范围有所不同。例如湖北省互联网信息办公室、湖北省商务厅、湖北省农业农村厅与抖音联合制定的“湖北重启，抖来助力”抖音援鄂复苏计划从2020年4月8日开始实施且未指明截止时间，但是政策中“向满足认证条件的湖北企业发放巨量星图服务费减免券”这一政策与其他政策不同，实施期限为4月20日至6月30日。

（三）发布企业/平台

根据研究发现，我国发布直播带货相关政策的企业/平台数量较多，类型较为广泛。购物平台（京东、淘宝等）、短视频平台（抖音、快手等）、购房平台（幸福里等）等平台均有发布直播带货相关政策。

其次，研究发现，我国大多数直播带货相关政策是由单个企业/平台发布的，但是仍然存在少数由多个企业/平台联合或由企业/平台同政府部门联合发布直播带货相关政策的情况。例如“中小企业护航计划”是由巨量引擎、抖音、飞书三个平台联合发布的直播带货政策，“湖北重启，抖来助力”抖音援鄂复苏计划是由湖北省互联网信息办公室、湖北省商务厅、湖北省农业农村厅与抖音政企联合发布的直播带货政策。

此外，结合政策发布时间同政策发布企业/平台，可以发现，企业发布直播带货相关政策最早集中在京东、淘宝等传统电商平台，随着时间的推移和直播带货的兴起，越来越多类型的企业/平台，例如抖音、快手等短视频平台等，投身直播带货行业，开始发布直播带货的相关政策。

第二节 目标与对象

（一）政策目的

从几个月的政策发展变化来看，我国企业/平台发布的直播带货相关政策所注明的政策目的可以按照时间段被归纳为三类。

一是疫情状况爆发和严重时期，相关企业和平台发布的政策的目的多在于帮助湖北及其余地区商家渡过疫情难关，例如快手在2020年2月6日发布的“致快手商家的一封信”中指出其意图通过这些政策“帮助商家在疫情期间降低运营成本，共同应对此次危机”；2020年2月8日淘宝平台发布《陪伴永不停歇》公告，宣布“商家开播激励”“门店导购计划”“主播机构开播福利”三模块政策，旨在“帮助到电商直播从业者、品牌商家、线下实体店等，用创新的方式缓解压力、共克时艰”。

二是疫情状况趋于平稳的过渡时期，相关企业和平台发布的政策的目的多在于加快经济复苏。例如2020年4月8日，湖北省互联网信息办公室、湖北省商务厅、湖北省农业农村厅与抖音联合发布“湖北重启，抖来助力”抖音援鄂复苏计划，希望通过政策“加速湖北经济复苏，抖音打造官方训练营，培育当地创作者和主播带货技能，助力企业增收，达人变现”。

三是疫情基本得到控制和解决的时期，相关企业和平台发布的政策的目的多在于完善直播生态，推动直播带货经济发展。例如小红书平台于2020年7月6日至2020年8月30日施行的“直播企动计划”目的是“完善直播生态，打造商业闭环”。

但是从总体来看，各企业/平台发布直播带货相关政策的目的都是减少相关企业、商家的损失，恢复经济，促进直播带货行业发展。

（二）政策对象

从总体上看，我国企业/平台发布的直播带货相关政策的整体作用对象各不相同，没有统一的标准，但是仍可被大致归纳为三类。

一是全国范围的线下企业、商家、品牌门店、工厂、个体商户等机构和人员，例如抖音同巨量引擎联合发布的“宅家云逛街”政策面对“线下商场、品牌门店、工厂、个体商户等”对象。

二是湖北地区范围内的企业、商家等机构和人员。例如湖北省互联网信息办公室、湖北省商务厅、湖北省农业农村厅与抖音联合发布的“湖北重启，抖来助力”抖音援鄂复苏计划仅面向“湖北企业、创作者、主播、官方机构和媒体”。

三是特定对象。例如幸福里同抖音联合发布的“2020春风计划”是针对房地产行业这一特定对象的政策；抖音“线上不打烊”政策仅针对“全国线下餐饮、休闲娱乐、购物等商家”。

此外，我国企业/平台发布的直播带货相关政策整体对象同政策内个别政策条例的实施对象也有所差异。政策内个别政策条例对政策适用对象做出了更加具体的限定。例如抖音同巨量引擎联合发布的“宅家云逛街”政策总体上面向“线下商场、品牌门店、工厂、个体商户等”，但是其“10亿专属流量”政策具体规定仅适用于“在2020年1月1日至2月29日期间，未在抖音直播中使用过购物车功能的线下商家”，“技术服务费优惠”政策适用于“2020年2月14日后新入驻小店平台的商家”或符合服务质量要求的已入驻商家。

第三节　内容与模式

（一）五大主要内容

根据研究发现，我国企业/平台发布的直播带货相关政策普遍涵盖流量扶持、店铺入驻福利、企业号认证福利、技术服务费优惠、官方免费培训课程这五个方面的政策。

在流量扶持政策方面，各企业/平台政策规定投入巨额流量扶持特定对象。据不完全统计，各企业/平台计划投入的流量不等，具体数额在7000万到45亿不等，甚至有“百亿流量补贴”。投入的流量数大致可以分为三个层级，第一层级是一亿以内流量投入，例如京喜平台于2月6日推出的16项支持措施中“7000万量级流量注入，针对防疫类商品及受疫情影响的商品”；第二层级为一亿以上百亿以下流量投入，例如抖音、巨量引擎“宅家云逛街”政策中规定“在2020年1月1日至2月29日期间，未在抖音直播中使用过购物车功能的线下商家，若通过平台审核，可在2020年3月4日至4月30日期间挂购物车直播时，获得两周新手期流量扶持，共享10亿专属流量”；第三层级为百亿及以上流量投入，例如小红书“品牌扶持计划”投入“10亿流量扶持10000个新入驻企业号，20亿流量扶持1000个带货主播，25亿流量提升100个新品推广效率，45亿流量助力200个优质直播商家”，总计100亿流量扶持。

在店铺入驻福利政策方面，各企业/平台政策多采用“0门槛开通直播、0保证金、0支付渠道费”政策。例如抖音、巨量引擎“宅家云逛街”政策中指出各商家拥有“0粉丝绑定小店、开通抖音购物车权限，入驻小店平台的商家，免除粉丝量需超30万的门槛要求，且每个店铺支持绑定5个0粉丝开通购物车权限的抖音号”。

在企业号认证福利政策方面，各企业/平台政策均规定政策对象其企业号免费入驻，例如巨量引擎与抖音、飞书“中小企业护航计划”中规定“2020年2月14日至29日，免收600元企业号认证费用”。同时存在部分企业/平台政策对企业号实行佣金减免政策，例如小红书“品牌扶持计划”规定“企业号限时免入驻费，小红书商城入驻降佣，基础佣金下调至5%，直播渠道佣金返还2%，即实收3%”。

在技术服务费优惠政策方面，普遍来说，各企业/平台政策主要采用“收取1%技术服务费”的政策优惠方式。“中小企业护航计划”“产业带商家扶持计划”“致快手商家的一封信”“宅家云逛街”等政策均采用“收取1%技术服务费”的政策优惠方式。此外还存在少数不同的技术服务费优惠方式，例如淘宝“陪伴永不停歇”政策规定实行“0技术服务费”政策；“湖北重启，抖来助力”抖音援鄂复苏计划实行“发放巨量星图服务费减免券”政策。

在官方免费培训课程政策方面，各企业/平台均推出免费培训课程政策。据不完全统计，课程数量在5到41门不等，课程内容涵盖了直播入门和技巧、视频拍摄、系统工具使用、商品运营、付费推广、优秀案例分析等领域。同时还有针对特定对象的培训课程，例如抖音“产业带商家扶持计划”中推出的服装类账号运营课程等。

（二）三大主体模式

除了普遍涵盖的流量扶持、店铺入驻福利、企业号认证福利、技术服务费优惠、官方免费培训课程这五个方面的直播带货政策内容外，不少企业/平台发布的直播带货政策还包含运营服务、物流服务、活动支持这三个方面的发展模式。

在运营服务政策方面，部分企业/平台提供各色的运营服务支持。例如京东“11项补贴政策”、京喜“16项支持政策”中均提出“免费一个月代运营服务”；快手“致快手商家的一封信”中提出提供“运营指导服务”；“中小企业护航计划”提出“湖北地区新用户免费帮拍视频（1条/1家）”运营服务等。

物流服务方面的政策条例，多出现在疫情严重时期发布的政策中，部分企业/平台提供物流支持和补贴，内容包含售前售后保障、运营保障、物流补贴等内容。例如京喜平台“（物流专项补贴政策）对疫情期间指定城市、医疗民生类型的京喜平台仓配商家，提供专项物流折扣补贴……（京东物流售前及售后保障）针对京东物流新签约商家，实现48小时急速签约和仓储系统配置……（运营保障机制）京东物流到仓服务已恢复全国运营，即日起，使用到仓服务的商家将享受绿色通道（疫情区除外）……”

在活动支持政策方面，部分企业/平台采取各种活动政策，例如淘宝“陪伴永不停歇”和“湖北重启，抖来助力”抖音援鄂复苏计划政策分别设立“月度开播总时长的TOP30直播间”评选活动和“助力湖北达人榜单”评选活动，“2020春风计划”和“湖北重启，抖来助力”抖音援鄂复苏计划分别设立“幸福里dou出好房”“湖北好久不见”话题活动，小红书“品牌扶持计划”设立定期线下沙龙活动等。

（三）独特性发展思路

除以上多数企业/平台直播带货相关政策中包含的内容以及中数企业/平台直播带货相关政策中包含的内容外，还存在少量政策内容为个别企业/平台直播带货政策所独有。

例如京东和京喜平台分布的直播带货补贴支持政策中均含有工具权限、健康保障、金融政策支持、签约延期等内容。具体条例如表15所示。

表15　京东和京喜平台直播带货相关政策部分内容

政策	部分内容			
	工具使用权限	健康保障	金融支持	签约延期
京东11项补贴措施	1.延长工具免费使用期限 京东商智将为湖北地区商家免费开通商智商家版洞察套餐使用权限1个月（如已购买可以延长相应的使用时间）。 2.工具支持 京小智（智能客服）将延长平台商家免费使用期限至2020年3月31日。针对疫情期间需使用小智的商家，已开通绿色服务通道，实现极速开通及7×24咨询服务。上线疫情防护行业知识包，供商家订阅使用。针对大健康行业商家，提供训练师免费配置活动，帮助提高服务水平。	1.赠送保险保障 京东数科将出资，为湖北地区商家及其雇员提供新型冠状病毒肺炎保险保障服务，即最高30万元的保障金。 2.健康保障支持 京东健康将通过“企业疫情监控防控平台”为平台商家员工提供免费医生问诊、疫情实时动态、员工健康状况收集、员工感染风险评估及分级、个性化防控建议以及专家科普教育等服务，帮助商家快速了解员工健康状况，并进行有效的管理和跟踪，保障日常运营。	为解决商家的资金周转问题，京东数科已上线提供相关息费减免和延迟还款政策，开通金融服务绿色通道。	为降低本次疫情对商家朋友们的合同续签影响，我们将对受疫情影响严重的商家适当延长2020年续签入口的开放时间。
“京喜”16项支持措施	京喜将为湖北地区商家免费开通京东商智商家版—洞察套餐1个月（如已购买可延长相应使用时间）；同时，将延长京喜商家免费使用京小智（智能客服）的期限至2020年3月31日，并开通绿色服务通道，提供7x24咨询服务。	1.赠送保险保障 京东数科将为湖北地区京喜商家员工提供新型冠状病毒肺炎保险保障服务，最高30万元的保障金。 2.健康保障支持 京东健康将通过“企业疫情监控防控平台”为京喜商家员工提供免费医生问诊、疫情实时动态、员工健康状况收集、员工感染风险评估及分级、个性化防控建议以及专家科普教育等服务，帮商家快速了解员工健康情况，并进行有效的管理和跟踪，保障日常运营。	为解决京喜商家的资金周转问题，京东数科已上线提供相关息费减免和延迟还款政策，开通金融服务绿色通道。	对受疫情影响的商家，京喜将适当延长2020年续签入口的开放时间。

同时，腾讯平台“致腾讯直播商家及内容创作者的一封信”中发布“蓝V权益”政策，可通过上传企业营业执照、法人身份证等信息，缴纳599元/年的认证费用，升级为腾讯直播蓝V用户，享受“蓝V标识”“小程序跳转”“专属流量扶持”“优先参与官方活动”“专属客服”“功能优先体验”6大权益。

此外，京东直播商家和机构“4+2”扶持政策还提出现金补贴政策，针对“食品饮料、生鲜、家庭清洁/纸品、个人护理、厨具、家居日用、宠物生活”等疫情期间重点需求品类，主播开播即可获得50元每场现金补贴等现金补贴政策。

第三章

地方规范性文件

第一节　时间及适用范围

表16　我国直播带货规范性文件名称、适用范围及其发布时间

适用范围	规范性文件名称	发布时间
安徽省	《关于进一步推进网络公益直播活动的通知》	2020.6.17
浙江省	《直播电子商务服务规范（征求意见稿）》	2020.6.17
浙江省	《直播电商人才培训和评价规范》	2020.6.30
浙江省	《电子商务直播营销人员管理规范》	2020.7.14
全国	《视频直播购物运营和服务基本规范》（征求意见稿）	2020.6.8
全国	《网络购物诚信服务体系评价指南》（征求意见稿）	2020.6.8
全国	《网络直播营销行为规范》	2020.6.24
浙江省	《电子商务直播机构管理与服务规范》《直播电商培训及技能评价规范》《直播电商基本术语规范》《电子商务直播客户服务规范》	已完成草案

2020年6月以来，我国各项直播电商行业规范经立项审核、组织编制、征求意见、专家评审、网上公示等程序后相继起草、发布。如表16所示，据不完全统计，我国现已发布的规范性文件及其征求意见稿集中在浙江省和全国范围，以及少数其余地区，例如安徽省。

2020年6月8日至7月14日，我国共发布7个规范性文件（含征求意见

稿），其中包括4部正式规范文件和3部征求意见稿。2020年6月8日，2个全国性的直播电商规范性文件征求意见稿［《视频直播购物运营和服务基本规范》（征求意见稿）、《网络购物诚信服务体系评价指南》（征求意见稿）］发布；2020年6月24日，我国发布了国内第一个关于网络视频营销活动的专门自律规范《网络直播营销行为规范》；2020年6月30日，浙江省率先发布全国第一个直播电商领域标准《直播电商人才培训和评价规范》。

紧接着，2020年7月14日，浙江省发布了全国首个直播销售员的管理标准《电子商务直播营销人员管理规范》。此外，浙江省《电子商务直播机构管理与服务规范》《直播电商培训及技能评价规范》《直播电商基本术语规范》《电子商务直播客户服务规范》4项直播电商系列标准的草案也已经完成。

第二节　提出方和起草方

表17　我国直播带货规范性文件提出方和起草方

适用范围	规范性文件名称	提出方	起草方
安徽省	《关于进一步推进网络公益直播活动的通知》		安徽网信办
浙江省	《直播电子商务服务规范（征求意见稿）》		浙江省网商协会
浙江省	《直播电商人才培训和评价规范》	浙江省商务厅	浙江省电子商务促进会、杭州黉宇教育科技有限公司
浙江省	《电子商务直播营销人员管理规范》	浙江省电子商务促进会	阿里巴巴国际标准化研究院（杭州）、浙江省电子商务促进会、阿里巴巴（中国）有限公司、杭州市标准化研究院、中国通信工业协会、电子商务反假联合会（杭州）、杭州市标准化学会、浙江国贸数字科技有限公司、浙江绿森信息科技集团有限公司
全国	《视频直播购物运营和服务基本规范》（征求意见稿）	中国商业联合会媒体购物专业委员会	中国商业联合会媒体购物专业委员会

续表

适用范围	规范性文件名称	提出方	起草方
全国	《网络购物诚信服务体系评价指南》(征求意见稿)	中国商业联合会媒体购物专业委员会	中国商业联合会媒体购物专业委员会
全国	《网络直播营销行为规范》		中国广告协会

我国直播带货相关规范性文件（含征求意见稿）的提出方和起草方多为省级或国家级直播电商相关领域的行业协会，例如作为规范性文件提出方的浙江省电子商务促进会、中国商业联合会，以及作为规范性文件起草方的中国通信工业协会、电子商务反假联合会（杭州）、中国广告协会等。但也存在少数政府机构、科研机构和企业共同参与文件提出和起草的情况，例如浙江省《直播电商人才培训和评价规范》的提出方为浙江省商务厅，浙江省《电子商务直播营销人员管理规范》的起草方包含了阿里巴巴国际标准化研究院（杭州）、杭州市标准化研究院这两个科研机构以及阿里巴巴（中国）有限公司、浙江国贸数字科技有限公司等企业。可以看出，政府、行业协会、企业等共同参与到了我国直播带货相关规范性文件的制定中来。

此外，研究发现，作为规范文件（含征求意见稿）提出方的机构，或是单独起草文件，或是作为起草单位的一员参与工作，或者完全不参与起草工作。全国性的《视频直播购物运营和服务基本规范》（征求意见稿）和《网络购物诚信服务体系评价指南》（征求意见稿）的提出方中国商业联合会媒体购物专业委员会直接承担了全部的起草工作，没有其他的起草单位；浙江省《电子商务直播营销人员管理规范》的提出方浙江省电子商务促进会只是起草方的一员，其余行业协会、科研机构、企业等共同参与合作；而浙江省《直播电商人才培训和评价规范》的提出方浙江省商务厅则完全不参与起草工作，起草方为浙江省电子商务促进会和杭州黉宇教育科技有限公司。

第三节　内容提要

表18　我国直播带货规范性文件内容

适用范围	规范性文件名称	内容概述	内容涵盖								
			商品	平台	商家企业	主播	MCN机构	消费者	鼓励监督	物流外包管理	领导干部
安徽省	《关于进一步推进网络公益直播活动的通知》	通知明确了领导干部在开展网络公益直播活动时需要注意的问题。涉及纪律要求、程序规范、产品准入、质量把关、传播监督等几个方面。									√
浙江省	《直播电子商务服务规范（征求意见稿）》	该标准从直播电商生态圈和产业链的视野出发，依据直播电商的不同参与角色，分别确立了从主体资格、亮证亮照、商家和主播入驻审核、规则建立、直播监控、违规处置以及消费者权益保障等全流程的规范体系。		√	√	√	√	√			
浙江省	《直播电商人才培训和评价规范》	该标准在直播电子商务技能层级、专业知识基本内容、技能培训与实训、人才测评认证等方面开展建设，以更好地加强浙江省内教育机构、培训机构、实训基地等对直播电子商务从业人员的培训与管理。				√					
浙江省	《电子商务直播营销人员管理规范》	该规范规定了电子商务直播营销人员的基本职责以及实名认证条件等资质要求，同时提出对直播销售员在法律政策、业务知识等方面的能力要求和在语言表达、仪容仪表、动作行为等方面的行为规则，此外对商品信息和服务评价作出规定。				√					

续表

适用范围	规范性文件名称	内容概述	内容涵盖								
			商品	平台	商家企业	主播	MCN机构	消费者	鼓励监督	物流外包管理	领导干部
全国	《视频直播购物运营和服务基本规范》（征求意见稿）	该标准规定了直播购物经营管理和服务的基本要求、商品质量要求、经营者管理、直播人员、MCN机构服务、物流外包管理以及监督管理等。	√		√	√	√		√	√	
全国	《网络购物诚信服务体系评价指南》（征求意见稿）	该标准规定了网络购物企业诚信经营的基本要求、经营原则、管理与社会监督、评价指标体系、评定等级划分及评定程序等内容。			√						
全国	《网络直播营销行为规范》	该规范侧重为从事网络直播营销活动的各类主体（商家、主播、直播平台、MCN机构和消费者）提供行为指南，并进行鼓励和监督。		√		√	√	√	√		

从内容范围上看，我国现有直播带货相关规范性文件（含征求意见稿）的内容涵盖直播电商行业领域的各类主体以及其他内容，其中各类主体包括直播平台、直播商家企业、主播、MCN机构、消费者、商品、政府领导干部等，其他内容涉及物流外包管理、鼓励监督等。其中大多数规范性文件（含征求意见稿）涉及对直播商家企业、主播、MCN机构、消费者的相关规定，已发布的6部直播带货相关规范性文件（含征求意见稿）中有5部含有对主播的规定；涉及直播平台、消费者和鼓励监督措施的规定的文件数量次之；此外只有《视频直播购物运营和服务基本规范》（征求意见稿）一部文件对商品和物流外包管理进行了相关规定，只有安徽省《关于进一步推进网络公益直播活动的通知》对政府领导干部做出了规定。

同时，通过研究发现，我国发布的直播带货规范性文件（含征求意见稿）存在两种类型，一类是针对多主体内容的广泛性规范，另一类是针对单个主体内容的单一性规范。我国首个关于网络视频营销活动的专门自律规范《网络直播营销行为规范》就是规定了平台、商家企业、主播、MCN机构、消费者等多主体内容的规范性文件，而浙江省发布的《直播电商人才培训和评价规范》和《电子商务直播营销人员管理规范》都是针对直播主播（销售人员）的针对性规范文件。其余仍处于征求意见阶段的规范文件也有广泛性和单一性两种类型。

然而从具体内容上看，不同规范文件对同一行业主体的规定的具体内容也不尽相同。例如同样是对直播主播做出的规定，浙江省《直播电商人才培训和评价规范》主要涉及直播电子商务技能层级、人才测评认证等方面的规定，更强调对直播电子商务从业人员的培训与人才评定。而《电子商务直播营销人员管理规范》主要涉及直播营销人员的资质要求、能力要求、行为规则等方面的规定，更强调从业人员日常销售的规范。

此外，从总体上看，我国现有直播带货相关规范性文件（含征求意见稿）对从事网络直播营销活动的各类主体的入驻审核、行为框架、评价监督等进行了规定，规范直播电商购物活动、销售行为及商品服务，逐步解决直播者夸大宣传、销售假冒伪劣商品、售后服务难以保障等问题，维护平台交易秩序，保护消费者合法的权益，促进直播购物行业健康平稳发展。但是我国直播带货相关规范性文件尚处于起步状态，规范性文件数量少，正式发布的文件只有3部，规范性文件涵盖内容不全面、规定条例不够深入或存在缺漏等问题都可能存在，例如规范性文件并没有对直播培训机构等主体进行规定，大多数规范性文件集中针对直播主播等问题，仍然需要改进。

~第三部分~

实证与探索

第一章

县长、县委书记直播带货

第一节　国际茶日与云上直播

（一）从全球到区县："以茶脱贫"的新形式萌芽

（1）"国际茶日"的设立

①设立背景

茶是世界三大饮品之一。全球产茶国和地区已达60多个，茶叶产量近600万吨，贸易量超过200万吨，饮茶人口超过20亿。茶叶生产和加工是发展中国家数百万家庭的主要生活来源，是数百万贫困家庭的主要谋生手段，茶叶生产和加工对发展中国家农村的发展、减贫和粮食安全有着重要的作用。

②历史延革

2010年9月11日，在上海世博园，由福建省茶叶学会联合国内外30多个权威机构及社团发起举办了"茶，让城市生活更美好"高峰论坛，大会召开了倡建联合国"国际茶文化日"新闻发布会，并向联合国有关部门递交了倡议书。

2019年6月，中国茶叶学会提出的设立"国际茶日"提案，在罗马闭幕的联合国粮食及农业组织大会第41届会议上审议通过，并提交了联合国大会。

2019年11月21日，巴勒斯坦代表“77国集团和中国”首次提出“国际茶日”决议草案。

2019年11月27日，第74届联合国大会通过该决议，宣布将每年5月21日设为“国际茶日”，以弘扬茶叶的经济、社会和文化价值，促进全球农业的可持续发展。这是我国首次成功推动设立的农业领域国际性节日，彰显了世界各国对中国茶文化和茶产业影响力的认可。

（2）首个“国际茶日”与县长直播

①首个“国际茶日”

2020年5月21日是首个“国际茶日”，我国农业农村部联合浙江省人民政府、联合国粮食及农业组织（FAO）组织了以“茶和世界 共品共享”为主题的系列云活动，推动中国与世界茶文化交流互鉴，促进茶产业协同发展。

②县长“云上直播”

为利用好首个“国际茶日”活动的契机，助力贫困地区以茶兴业、以茶扶贫，我国农业农村部联合阿里巴巴集团组建了“国际茶日爱心助农团”。在农业农村部国际合作司的指导下，由农业贸易促进中心组织，中国茶产业联盟支持，选择我国9个省（区）的18个产茶贫困县（市）的县（市）长在淘宝直播平台为当地茶业代言，推动茶产品产销对接。

此次参与直播带货活动的18位县（市）长分别来自安徽省太湖县、金寨县，河南省固始县，湖北省英山县、利川市、宣恩县、咸丰县、来凤县，湖南省保靖县、古丈县，四川省旺苍县、万源市，贵州省湄潭县，云南省澜沧县、勐海县，西藏自治区墨脱县，陕西省平利县和紫阳县。

（二）“县长在直播”：多方助力、多元媒体、多样内容

（1）直播各县（市）所在地及活动组织方面

表19　县长茶日直播部分县（市）所在地及组织方

省份	县级	市/自治州	活动组织方
湖南省	保靖县	湘西土家族苗族自治州	主办：保靖县人民政府 承办：中共保靖县委宣传部、保靖县农业农村局、保靖县商务局、麦豆传媒
湖南省	古丈县	湘西土家族苗族自治州	古丈县外资外援项目办公室承办
安徽省	金寨县	六安市	县农业农村局、县科商经信局共同组织
四川省	旺苍县	广元市	县融媒体中心牵头、县茶叶产业发展服务中心协助、相关单位配合
湖北省	英山县	黄冈市	英山县农业农村局
陕西省	平利县	安康市	主办：陕西省农业农村厅、安康市人民政府 承办：国际茶产业合作联盟、中国农业国际合作促进会茶委会、安康市农业农村局、平利县人民政府
安徽省	太湖县	安庆市	
四川省	万源市	达州市	主办：中共万源市委、万源市人民政府 承办：中共万源市委宣传部、万源市茶叶局、万源市融媒体中心
陕西省	紫阳县	安康市	
贵州省	湄潭县	遵义市	主办：中国茶叶博物馆茶工业文化遗产研究中心、贵州茶文化生态博物馆、湄潭县茶文化研究会 承办：遵义茶业学校、贵州湄潭兰馨茶业有限公司、贵州阳春白雪茶业有限公司、贵州黔茶联盟茶业发展有限公司
湖北省	咸丰县	恩施土家族苗族自治州	农业农村部国际合作司、湖北省农业农村厅指导，咸丰县农业农村局、县融媒中心成立工作专班
河南省	固始县	信阳市	固始县林茶局会同电商办，按照农业农村部的安排

①直播各县（市）所在地

如表19所示，参与国际茶日县长直播活动的各县（市）所在省份涉及中国经济较不发达的中西部地区，包括中部的河南省、湖北省、安徽省、湖南省以及西部的四川省、陕西省、贵州省，在实现“助力贫困地

区”这一活动目的上具有合理性，同时也合理平衡中部和西部地区省份的数量。

在同一省份中，参与国际茶日县长直播的各县（市）所在市（自治区）也并不完全相同，例如英山县和咸丰县分别位于湖北省的黄冈市和恩施土家族苗族自治州。这避免了参与直播各县（市）在地区特色、活动内容上的雷同度，增加了茶日直播内容的丰富性和多样化，充分展现了中国各省份各地区的区域特色。

②直播各县（市）活动组织方

各县（市）县长直播的组织方各不相同，呈现多元化、政企合作的特点，总体而言以政府部门作为主要组织方，茶企和其他单位为辅。

从直播活动的主办单位上看，茶日直播活动的主办单位多为各县（市）的人民政府及其相关行政部门，如保靖县人民政府、安康市人民政府、中共万源市委等，少数以茶叶相关单位等作为主办方，例如湄潭县的主办单位为中国茶叶博物馆茶工业文化遗产研究中心、贵州茶文化生态博物馆和湄潭县茶文化研究会这三个非政府行政单位。

从直播活动的承办单位上看，活动的承办单位多为农业农村局（部/厅）、商务局、宣传部或融媒体中心、茶叶局等部门和单位，少数为茶叶协会、茶企单位、媒体机构等社会单位等，例如平利县直播活动的承办单位包括国际茶产业合作联盟、中国农业国际合作促进会茶委会这两个茶叶协会，湄潭县活动的承办单位包括贵州湄潭兰馨茶业有限公司等茶企，保靖县的承办单位包括了麦豆传媒这一媒体企业单位。

因此，从活动各县（市）的主办方和承办方等组织单位的组成成分上，可以看出本次县长直播活动以及国际茶日活动政企合作、社会各界广泛参与的特点。同时从整个活动上看，国际茶日的县长直播活动，由我国农业农村部联合阿里巴巴集团组织、发起，也体现了政府部门和企业的联同合作。

③直播活动工作小组架构

国际茶日县长直播活动的各组织单位也形成了一个系统的工作领导小组，各县（市）在工作领导小组的组织架构上也存在一些共同点和差异点。

根据笔者调查，得到了部分县（市）活动工作领导小组的组织架构情况，具体如下所示。

保靖县工作领导小组的组长为分管副县长，副组长为县委宣传部常务副部长、县政府办联系农口部门副主任，成员为县农业农村局、县外资外援办、县商务局、县供销联社、县市场管理局、县茶叶办、县广播电视台、保靖电信公司、麦豆传媒公司主要负责人、吕洞山镇党委书记等。

英山县工作领导小组的组长为农业农村局局长，副组长为分管业务副局长、茶产业化办公室主任，成员为相关科室人员。

平利县工作领导小组的总指挥长为县长，组长为县委政府领导班子成员，成员为32名，所有成员被细分为8个小组。

太湖县工作领导小组组长为县长，小组成员包括县农业农村局、县商务局、县融媒体中心、相关企业等。

紫阳县工作领导小组的组长为分管副县长，相关部门责任人为小组成员。

从上述架构情况中可以看出，各县（市）的工作领导小组的最高领导人多为当地县长或副县长等政府部门官员，例如保靖县、紫阳县的领导小组组长为该县人民政府副县长，太湖县组长为该县县长，平利县工作总指挥长为该县县长。但是也存在着少数特殊情况，并不是由县长或副县长担任工作领导小组的最高领导人，但仍由相关政府部门人员担任，英山县便是如此，其组长为该县农业农村局局长。

同时，各县（市）工作领导小组架构的差异主要体现在是否设立副组长以及是否在下级细分小组两个方面。部分县（市），如保靖县、英山县等，在工作领导小组中设立了副组长，而包括平利县、太湖县、紫阳县等县（市）在内的另一部分县（市）未设立副组长。同时部分县（市），如英山县等，在工作领导小组下设立细分的工作小组并委任组长，但部分县（市）并未明确说明在下级细分工作小组。

此外，直播活动的工作领导小组也存在着明确的分工，政府部门和企业单位各司其职、协同合作。以保靖县为例，在工作小组中，该县县委宣传部负责县长直播带货视频、直播宣传片等相关工作；县政府办负责综合协调活动相关事宜；县农业农村局负责直播现场搭建和拆除工作；外资办负责与上级茶日活动组织部门协调、活动总联络……除政府部门外，麦豆传媒公司负责活动策划、宣传片制作包装、现场直播执行等工作；保靖电信公司负责网络保障带宽确保直播流畅清晰工作……工作领导小组内各单位分工详细、明确，政府部门和企业单位协同合作，保障了国际茶日县长直播活动能够顺利、圆满举行。

④直播活动筹备

为了国际茶日县长直播活动能够顺利、圆满举行，各县（市）的各工作领导小组也做了充分的准备和活动筹备工作。

以保靖县为例，在直播活动开始前，工作小组进行了近一个月的活动筹备。在筹备期间，领导小组组长王万双副县长先后召开了5次调度会议，讨论拟定了《保靖县参加首届国际茶日活动的工作方案》《“云上茶日”直播工作方案》《5月21日首届国际茶日活动现场安保方案》3个方案，从活动开展、直播、安保方面对直播活动进行分析并做出了充分的预案，以此确保首届国际茶日直播宣传活动成功举办。

从这些充分的活动筹备工作中，可以看出各县（市）对待此次国际茶日县长直播活动的认真和用心。

（2）直播相关信息

①直播时间

表20　县长茶日直播部分县（市）直播日期和时间

县级	直播日期	直播时间
保靖县	5.21	–
古丈县	5.21	–
金寨县	5.21	09：40—下午
旺苍县	5.21	10：00—11：00
英山县	5.19、5.20、5.21	–
平利县	5.21	10：00—晚上
太湖县	5.21	20：00—22：00
万源市	5.21	20：00—22：00
紫阳县	5.21	10：00—14：00
湄潭县	5.21	10：00—14：00
咸丰县	5.21	上午50分钟+晚上
固始县	5.21	20：00—晚上

农业农村部联合阿里巴巴集团举办的“云上直播”国际茶日县长直播指定的直播时间为5月21日10时至14时及20时至21时。在这两个时段，各县（市）可以连麦或做客淘宝直播平台烈儿宝贝和唐笑两位TOP主播直播间进行本县（市）的茶产品推介。而“国际茶日”设置在5月21日，是因为在申请“国际茶日”提议时考虑到了中国的茶叶品种主要以绿茶、红茶为主，5月中下旬中国大部分茶叶都已经上市，此后就会因储存等方面原因导致茶叶品质下降，所以将“国际茶日”设置在5月21日。

在实际活动中，除英山县选择在前两日（5月19日、5月20日）也进行了直播活动外，绝大多数的县（市）均只在5月21日当天进行直播。各县（市）在同一天进行直播，并通过烈儿宝贝和唐笑两位TOP主播的直播间进行接力连麦联动宣传直播的形式。

在5月21日同一天进行直播，既是由于“国际茶日”的节日因素，更是因为在同一天直播，能够凝聚不同省份、不同县区、不同种类茶叶的影响力和宣传力，和不同县（市）零散分布在长时间段进行直播相比，其在宣传深度、强度和广度上具有一定的优势，能够更大限度地发挥直播活动的宣传效果。

同时各县（市）接力和主播连麦联动直播的形式，在一定程度上减少了各个县（市）单独直播时所需要的粉丝用户聚集的时间。并且各县（市）直播可以增加在前后场连麦各县（市）的受众粉丝中的曝光度，在一定程度上可以吸收粉丝，起到引流作用。而且这种接力联动直播的形式也丰富了烈儿宝贝和唐笑直播间的直播内容，避免观众产生观看疲劳。

此外，在实际直播活动中，各县（市）的直播时间并不仅仅局限于和烈儿宝贝、唐笑主播互动的时间。如表20所示，部分县（市）选择了活动的一个完整的时间段开展直播，如紫阳县、湄潭县直播时间为当日10时至14时，部分县（市）选择在两个时间段都进行直播，例如平利县和咸丰县在上午和晚上都进行了直播。还有部分县（市）选择在一个时间段进行直播，但是直播时长多于或少于完整时间，如太湖县和万源市直播到22时才结束，但旺苍县仅直播上午的一个小时。总的来说，各县（市）的直播时间段显得十分灵活自由，同时，据不完全统计，各县（市）的茶日直播持续时长在50分钟到5小时不等。

②直播地点和直播人

表21　县长茶日直播部分县（市）直播地点和直播人

县级	直播活动举办地点	直播人
保靖县	吕洞山镇黄金村	副县长：王万双
古丈县	牛角山茶叶基地	副县长：周大钊
金寨县	县文旅电商直播中心	县长：汪冬；副县长：蔡黎丽；茶叶专家、县政协常委：解正定

续表

县级	直播活动举办地点	直播人
旺苍县	县融媒体中心演播厅	副县长：李放；广元资深媒体人：敬强；广元新晋网红：王倩
英山县	湖北团黄贡茶有限公司的深山茶园	副县长：黄伟；团黄贡茶公司董事长：徐柏云
平利县	平利老县镇蒋家坪村女娲凤凰茶业现代示范园区	平利县委常委、副县长：陈俊
	网红主播烈儿宝贝直播间	副县长：朱荣锋；淘宝网红主播：烈儿宝贝
太湖县	县融媒体中心	县长：朱小兵
万源市	万源大巴山茶文化小镇	万源市副市长：李根
紫阳县		副县长：田鑫
湄潭县	贵州阳春白雪茶业有限公司	市政协副主席、县委书记：魏在平；县委副书记、县长：李觊
咸丰县	咸丰县设的直播间	副县长：连庆
固始县		县人大副主任：竹学军

根据部分县（市）茶日直播活动地点的统计情况（表21）分析，县长茶日直播活动的举办地点大致可以分成四类。第一类是各县（市）规模较大、知名度较高的茶叶生产基地或茶文化基地，例如保靖县保靖黄金茶发源地的吕洞山镇黄金村、古丈县的牛角山茶叶基地、平利县的女娲凤凰茶业现代示范园区、万源市的万源大巴山茶文化小镇等；第二类是各县（市）融媒体中心等政府部门室内布置的直播间，例如金寨县的县文旅电商直播中心、旺苍县的县融媒体中心演播厅、太湖县的县融媒体中心等地；第三类为参与直播的茶企公司内部或旗下机构，例如湄潭县在贵州阳春白雪茶业有限公司内直播、英山县在湖北团黄贡茶有限公司的深山茶园内直播；第四类是参与活动的两位淘宝直播平台的TOP主播的直播间，例如平利县副县长亲自到网红主播烈儿宝贝的直播间和主播烈儿宝贝一起直播。

同时，根据部分县（市）茶日直播人的统计情况（表21）分析，进行茶日直播的多为该县（市）的副县（市）长，在统计的12个县（市）

中，包括保靖县、古丈县、旺苍县等在内的10个县（市）均由副县长进行直播；仅有少数县（市）县长亲自出面进行直播，例如金寨县和太湖县。而除了县长、副县长作为直播人外，各县依据各县的情况和活动安排等还会增加其余政府单位负责人、茶企负责人、网红等作为直播人，例如金寨县除县长和副县长共同直播外还邀请县政协常委一同直播，固始县更是直接由县人大副主任进行直播；旺苍县由副县长和资深媒体人、新晋网红主播三人一同直播；英山县除副县长外还邀请团黄贡茶公司董事长一同直播。

从以上茶日直播活动地点和直播人的分析中都可以看出，国际茶日县长直播活动是一次由政府和企业以及社会各界共同协作举办的活动，直播活动地点和直播人都涉及政府单位、企业单位、社会各界人士等各个方面，体现了政府、企业和社会各界力量的多方参与与合作。

③直播平台和直播账号

表22　县长茶日直播部分县（市）直播平台和直播账号

县级	直播平台	直播账号
保靖县	天猫	林茵茶业：保靖黄金茶旗舰店
古丈县	淘宝	
金寨县	淘宝	露雨春旗舰店、小隐茶人旗舰店
旺苍县	淘宝	蜀盟农庄官方旗舰店
英山县	淘宝天猫店、抖音、快手	
平利县	淘宝、安康融媒等	女娲茶叶旗舰店、平利绞股蓝旗舰店、田珍茶业、平利一茗茶业、平利县长安一品香茶业、神草园滋补养生旗舰店、万福草旗舰店
太湖县	淘宝等	
万源市	淘宝直播、腾讯看点直播、万源融媒体中心新华现场云等	
紫阳县	淘宝、天猫、抖音、有播等	淘宝有平茶业旗舰店、抖音@小硒
湄潭县	淘宝直播、抖音、快手等	阳春白雪茶叶旗舰店
咸丰县		
固始县	淘宝等网络平台	仰天雪绿茶叶公司旗下的旗舰店

从表22中可以看出，在县长茶日直播活动中，各县（市）都使用了淘宝平台进行直播，一方面这是该活动由农业农村部联合阿里巴巴集团共同举办的结果，另一方面也是因为淘宝直播带货本身所具有的区分于其他抖音快手直播、电视直播等平台直播的特点和优势。

第一，淘宝直播自带“交易属性”。因为无论是账号原有的粉丝用户还是新进入直播的普通用户在打开直播之前实际上就已经抱有一定的消费目的。这些用户或是已经对某个产品有着购买的决心，或是对某个产品感兴趣，想要先“逛逛”加深了解再决定是否购买。①怀着这样的心理，观看直播的用户也就更容易接受直播的商品推荐。此外，“电商+直播”的模式使得用户在有了购买的欲望后能够十分便捷、高效地下单购买商品，将潜在消费变为现实消费。

第二，淘宝直播和用户的互动性更强。直播人可以及时地解答消费者的问题，通过观察消费者的反应及时地调整直播内容，相比文字回复和纯音频回复等更加直观、清晰和高效。同时淘宝直播还可以用直播间公告、商品链接等多种传播手段进行信息传播，提高了互动的质量和效率。

第三，淘宝直播购买氛围更加高涨。在淘宝直播间，如果有用户通过直播间进入商品链接，其他用户的直播界面上会显示“XXX正在去买”的字样，这在一定程度上会烘托出一种浓厚的商品销售情况火爆的气氛。此外，主播在直播中能够通过发放优惠券、限制购买数量等方式营造出商品供不应求的现象。这样淘宝特殊的购买字样和主播的营销手段在一定程度上能够激发用户从众购买、冲动购买的行为。②

在使用淘宝平台进行直播，发挥淘宝平台优势的同时，各县（市）

① 刘佳琳：《传播学视域下的电商直播研究》，南昌大学硕士论文，2018。

② 沈燕、赵红梅：《基于情境理论的消费者冲动性购买行为分析——以淘宝直播秒杀为例》，《经营与管理》2018年第8期，第124-130页。

也不拘泥于淘宝直播，而是充分发挥其他新媒体平台的作用，通过5月21日正式直播前在其他平台进行预热直播或是5月21日在各大平台进行多平台同步直播、全网联播等方式，增加本次直播的曝光度以及茶叶及其产品的曝光率。例如英山县在5月19日和5月20日分别在抖音和快手进行了直播，为5月21日淘宝平台的正式直播预热；万源市5月21日通过淘宝直播、腾讯看点直播、万源融媒体中心新华现场云等平台进行全网联播。

除了通过预热直播、联合直播等方式发挥新媒体平台的作用，各县（市）也不忘传统媒体宣传的作用，通过“传统媒体宣传+新媒体直播”的模式提升直播活动和茶叶品牌的曝光度和知名度，扩大茶日县长直播活动的宣传作用。例如，保靖县茶日县长直播活动通过人民网、中国新闻网、红网、新湖南、华声在线、网易、今日头条、新浪等20多家媒体进行活动新闻宣传报道，万源市茶日县长直播活动通过华西都市报、四川新闻网、达州发布、达州日报等多家媒体进行新闻宣传报道，都体现了各县（市）充分利用各种媒体途径使此次直播的宣传效果变得更好。

此外，从县长茶日直播活动各县（市）淘宝平台直播间（直播账号）上看，各县（市）淘宝平台直播账号基本上选用各县（市）茶企旗下旗舰店账号，例如保靖县使用林茵茶业旗下保靖黄金茶旗舰店账号进行直播，金寨县使用露雨春旗舰店和小隐茶人旗舰店账号进行直播等。并且各县（市）使用的淘宝直播账号多为1到2个，其中大部分仅使用1个账号，但是也存在使用多个账号进行直播的特殊情况，例如平利县使用了女娲茶叶旗舰店、平利绞股蓝旗舰店、田珍茶业、平利一茗茶业、平利县长安一品香茶业、神草园滋补养生旗舰店、万福草旗舰店等7个账号共同直播。

④直播推介茶种类及参与茶企

表23　县长茶日直播部分县（市）直播推介茶种类

县级	茶种类
保靖县	保靖黄金茶
古丈县	古丈毛尖
金寨县	金寨茶叶五朵金花（六安瓜片、金寨黄大茶、金寨白茶、金寨红茶、金寨翠眉）；三安的即溶茶
旺苍县	米仓山茶
英山县	英山云雾茶，团黄贡
平利县	平利女娲茶、平利绞股蓝和秦汉古茶——统称“三杯茶”
太湖县	天华谷尖和二祖禅茶等3种
万源市	万源富硒茶
紫阳县	安康富硒茶
湄潭县	湄潭翠芽、黔金砖、遵义红茶等
咸丰县	唐崖藤茶
固始县	固始绿茶、信阳毛尖

在国际茶日县长直播中，各县（市）推荐的茶叶种类都是当地著名的茶叶，如保靖黄金茶、古丈毛尖、英山云雾茶、平利女娲茶等，充分体现当地的特色。同时据不完全统计，在当日的直播活动中，每个县（市）推荐了5到15种不等的茶叶产品。这些产品来自当地的不同茶企，这些茶企是由茶企自主报名、各县（市）工作领导小组筛选申报产生的，据不完全统计，每个县（市）最终参与该次县长直播活动、提供茶叶产品的茶企数量在3到7家不等。例如金寨县参与的4家茶企分别为露雨春茶叶公司、安态农产品公司、三安生物科公司、蝠牌茶叶公司。这样由政府单位举办活动、政府官员推荐各公司企业产品的活动形式，是一种政府和企业跨界合作的模式，构建了政府引导、市场运作的有效机制。

⑤直播内容

在各个县（市）国际茶日县长直播活动或长或短的直播中，各县（市）的直播内容都非常丰富。

首先，出于宣传本县（市）的茶叶及其产品的目的，介绍本县（市）茶叶的创制历史、生产环境、加工工艺、茶叶特色、饮用效果、茶文化等是各县（市）直播的基本内容。

其次，作为农业农村部联合阿里巴巴集团的活动方案制定的内容之一，每个县（市）在直播中都现场连线淘宝两位人气主播（烈儿宝贝、唐笑）之一进行互动。此次直播中古丈县、紫阳县、英山县等县（市）在直播中与主播唐笑连线。这样一种联动直播的形式，为各县（市）的直播带来流量，借助淘宝人气主播的粉丝人气和带货能力增加各县（市）茶叶的销量，给各县（市）茶叶带来更好的宣传作用。

再次，为了更加生动、形象地展现各县（市）茶叶产品的特色和优势，各县（市）在直播过程中都现场展现茶叶冲泡过程。茶叶冲泡或由专门的茶艺师完成，例如古丈县和太湖县均由茶艺师现场冲泡；或是由直播人完成，例如金寨县副县长和政协常委现场讲茶、泡茶，湄潭县委副书记、县长现场展示冲泡好的湄潭翠芽等。

最后，直播人和观众的互动也是直播的基本内容之一。

以上几点为各县（市）直播的共有内容，除了以上共有的直播内容外，每个县（市）也有一些自己独特的直播内容。例如古丈县在直播中现场展示了古丈毛尖的手工制作工艺，金寨县在直播中还连线在大湾举办的“露雨春杯”县第四届六安瓜片炒制大赛现场给网友们展示了六安瓜片生产技艺和大湾生态茶园环境，太湖县直播了黄梅戏独唱和对唱的同时还进行了现场抽奖活动等等。各个县（市）都积极组织、安排直播活动，给观众提供丰富多彩的直播内容，向观众展现丰富、独特的茶叶文化和特色，尽可能地吸引并留住观众，达到宣传本县（市）茶叶及产品、扩大销量的目的。

（3）直播影响和结果

①直播观看人数及点赞评论数

表24　县长茶日直播部分县（市）直播观看人数及点赞评论数

县级	直播观看人数（单位：人次）
保靖县	21万（影响力达千万人次、点赞评论数120余万人次）
古丈县	（直播点击量过万）
金寨县	
旺苍县	110万
英山县	151万（仅5月21日）
平利县	50万（平利茶浏览量：200多万）
太湖县	
万源市	20万
紫阳县	32万（点赞评论数80余万人次）
湄潭县	30万
咸丰县	
固始县	60万（曝光量：100多万）

国际茶日县长直播活动受到了很多人的关注，吸引了很多的观众，体现了茶日直播良好的宣传效果。据不完全统计，各县（市）直播的观看人数大部分位于20万到60万之间，其中万源市观看人数20万、保靖县21万、湄潭县30万、紫阳县32万、平利县50万、固始县60万……也有少部分县（市）的直播观看人数较多，超过了100万人次，例如旺苍县直播吸引了110多万观看人次，英山县5月21日当日吸引了151万观看人次。总体来看，县长茶日直播效果较好。

同时，在直播过程中，各县（市）也得到了观众非常多的点赞和评论，点赞和评论数多达100万人次。例如在此次直播中，紫阳县直播获得80余万人次的点赞和评论，保靖县直播获得120余万人次的点赞和评论。此外，此次直播也给茶叶及其产品带来了大量的浏览量，在平利县的直播过程中，店铺平利茶的浏览量超过200万人次，直播效果显著。

从以上直播观看人数、点赞评论数及其他数据可以发现，此次各县（市）的县长直播的宣传效果是令人满意的。

②直播销售情况

茶叶产品的销售情况也是最能反映此次县长带货直播效果的指标之一。

各县（市）茶日直播带货效果良好，在直播开始后较短时间内获得的成交销售额数量较高。湄潭县在直播开始后不到50分钟的时间，茶叶产品的成交销售额就达到53444元，订单数52单，每单平均成交金额超1000元；同样，金寨县在直播开始后1小时成交销售额就超过了10万元。

同时，茶日直播的良好的宣传效果和带货能力也从其总销量和销量可持续性能力中可见一斑。得益于县长茶日直播，在5月21日至5月24日期间，平利县茶叶产品销售订单数达25320单，销售额达215.69万元，较往日茶叶销量增长数倍。

其中，各县（市）直播推荐的茶叶产品中也出现了一些爆款产品。旺苍县的广元黄茶和绿茶“子竹”、英山县的英山云雾茶名优茶系列等产品都成为了此次直播中的人气产品，或销售额最高，或被观众“秒杀”。

此外，据不完全统计，各县（市）县长茶日直播在5月21日从直播开始到直播结束期间的成交订单数和成交销售额较多，但也存在着较大的差别。各县（市）的成交订单数和成交销售额可以被归纳、划分为几个层级。茶叶产品的销售成交订单数可以分成1000以内和1000以上两个层级，金寨县（592单）、英山县（568单）、紫阳县（100多单）等县（市）的成交订单数在1000单以内，而太湖县（1000多单）、固始县

（3000多单）、万源市（3900多单）等县（市）的成交订单数在1000单以上。茶叶产品的销售成交销售额可以被分为10万元以内、10万元以上50万元以内、50万元以上三个层级，紫阳县（2万多元）、英山县（4.86万元）、万源市（7万多元）等县（市）的成交销售额在10万元以内，咸丰县（10.2万元）、太湖县（26万多元）、固始县（33万多元）、金寨县（37.314万元）等县（市）的成交销售额在10万元以上50万元以内，而旺苍县等县（市）的销售额在50万元以上。

因此，从以上分析中可以发现，各县（市）的直播效果、带货能力总体上较好，但是参与直播的各县（市）之间仍然存在着一些差距。

（三）意义与启示：促交流、促发展、新探索

（1）对本县的意义

①对本县茶叶的意义

a.加强自身了解

在“国际茶日”直播活动的筹备过程中，加深各县（市）对自身的茶叶品质、资源等的了解，以及对自身茶叶销售优缺点的了解。

b.提升品牌知名度

加深我国乃至其他国家消费者和广大人民群众对各县（市）茶产品、茶品牌和茶文化的了解，有效提升各县（市）茶叶的品牌知名度，推动各县（市）的茶叶品牌走出国门、走向国际。

c.增加销量

增加企业茶叶销量，大力缓解了因疫情造成茶叶产品滞销的问题，缓解了各县人民的收入问题，带动了各县（市）贫困户增产增收和发展产业的信心，实现稳产增收。

②对本县茶企的意义

a.提升茶企知名度

通过网络直播活动，借助平台和县长知名度等因素，提升各县（市）相关茶企的知名度和影响力。

b.开辟新的销售渠道

开展网络直播带货活动使得各县（市）茶企通过参加淘宝官方的培训课程，学习到电商知识，增强电商运营能力，开辟茶企新的销售渠道，同时通过本次带货直播积累“直播+电商”实战经验，给茶企注入新的发展活力。直播活动的成功也吸引越来越多的茶企开展直播带货活动，为今后各县（市）的茶叶产业发展打下坚实基础。

c.提供交流、合作的机会

本次直播活动给同一县（市）的不同茶企、不同县（市）的茶企搭建了学习交流的平台，实现茶企间的交流互动，使其在交流中找到自身企业营销、宣传等方面存在的短板，借鉴其他茶企的成功经验，更好地推动各县（市）茶企未来发展。

同时该直播活动也提供给同一县（市）的不同茶企交流合作的机会，为同一县（市）茶企实现抱团发展提供可能，切实增强了某县（市）茶企的活力和凝聚力。

③对茶日活动的意义

通过本次茶日直播活动，为第二届国际茶日活动、茶日直播活动筹备提供参考和借鉴。

（2）对中国的意义

①对中国茶叶、经济的意义

第一，国际茶日系列活动能够有效提升中国茶叶品牌和茶企的国际知名度，向世界彰显中国茶叶的魅力和活力，促进中国同其他各国茶文化的交融互鉴。正如习近平总书记在2020年5月21日向“国际茶日”系列活动的致信祝词中指出，“茶起源于中国，盛行于世界。联合国设立‘国际茶日’，体现了国际社会对茶叶价值的认可与重视，对振兴茶产业、弘扬茶文化很有意义。作为茶叶生产和消费大国，中国愿同各方一道，推动全球茶产业持续健康发展，深化茶文化交融互鉴，让更多的人知茶、爱茶，共品茶香茶韵，共享美好生活”。

第二，此次县长茶日直播等系列国际茶日活动能够推动茶产业的协同发展。茶企从尝试直播到直播成为营销新常态，在一定程度上推动了中国茶叶直播经济乃至其他行业直播经济的兴起和壮大。

第三，县长茶日直播活动在较短的时间内实现了茶叶产品的大额销售，增加了中国贫困人口的收入，维护茶农利益，实现茶业生产为主的贫困县的脱贫，有效缓解中国贫困问题。

②促进政府、企业、社会各界交流合作

茶日线上直播活动，利用“政府+电商+社交平台”新模式为茶叶代言，构建了政府引导、社会参与、市场运作的有效机制，充分调动了其生产者、消费者、平台运营商的积极性，促进了政府、企业和社会各界力量的多方交流和跨界合作。

第二节　名人化治理与符号资本

“十三五”以来，党和国家领导的脱贫攻坚在2020年进入收官阶段。2015年发布的《中共中央国务院关于打赢脱贫攻坚战的决定》提出，确保到2020年农村贫困人口实现脱贫，是全面建成小康社会最艰巨的任务。2017年10月18日，习近平总书记在十九大报告中指出，要动员全党全国全社会力量，坚持精准扶贫、精准脱贫，确保到2020年我国现行标准下农村贫困人口实现脱贫，贫困县全部摘帽，解决区域性整体贫困，做到脱真贫、真脱贫 。在“扶贫军令状”的机制下，扶贫任务经过层层下放，最终由地方政府负责具体落实。一方面，地方政府被赋予强大的动力和权力，另一方面也承担了重大的贫困治理责任 。随着2016年电商直播在中国萌芽，2019年至今，直播电商行业已经进入了爆发增长阶段。据CNNIC《第45次中国互联网络发展状况统计报告》，截至2020年3月中国电商直播用户规模为2.65亿，占网民整体的29.3%；而直播电商在2019年整体成交额高达4512.9亿元。电商直播作为一种进入门槛低并且能够为产业链提效降本的销售模式，吸引了各种产业与多重主体的参与。在这股直播浪潮下，“脱贫攻坚战”政策在政府与平台的推动下也融入其中。本节将重点探讨县长书记们作为潜在的“网红”群体的符号资本，在直播带货热潮下是否与前沿的数字平台和数字文化产生新的媒介景观且是否具有可持续性的治理模式。

（一）缘起：从中央到地方——直播浪潮下的扶贫形势

2020年“县长直播带货”在各大内容与电商平台盛行，具有电商直播爆发式发展的时代风向、“扶贫攻坚”精准扶贫的政策导向、疫情之下经济增长衰退的现实困境三大背景因素。

事实上，作为一种借助市场力量进行治理的手段，“脱贫攻坚”任务与“电商直播”的结合，并非新事。早在2018年，阿里巴巴脱贫攻坚公益直播活动就邀请了贫困县县长与淘宝网红销售农产品，仅一晚就帮助全国贫困县售出农产品超过千万元 。而2020年的县长直播带货的蓬勃兴起，与新冠疫情的蔓延密切相关。

突如其来的疫情不仅对国民健康与国家卫生资源构成挑战，亦是中央和地方政府经济工作进展中的难题。尤其对于农业在产业结构和人均收入比中长期占据较高比重的西部县级城市，由于农副产品的时节性和特殊性，在疫情影响下极易给农户和当地经济带来重大损失。农产品滞销是受访地方官员在疫情期间面临的重要问题，也是将电商直播带货进一步推向各地县长的催化剂。面对地方产业营收直接压力，“直播带货”成为部分县长的助农选择。A县扶贫对口联络员赵副主席在采访中提到自己为A县直播卖桃子的缘起：

经过了三、四年的培育时间，今年进入了盛产期，产量很大，这次若再失败，老百姓还有多少信心？因此必须帮老百姓解决销售问题，经过讨论，我们首先想到了网络销售……桃子今年产量约3万斤，销售了1万多斤，还有1万多斤，桃子摘果后保鲜期有限，必须尽快销售出去，于是我们开展了直播，销售压力下，我也只有硬着头皮上。

在对安化陈副县长采访的材料中也有所提及：

今年初，突如其来的新冠疫情造成各地农产品滞销，安化茶产业也面临很大压力。已经认识到粉丝经济前景的陈灿平，3月1日利用休息时间开始了直播带货历程。

与此同时，面对疫情压力的中央同样对“直播带货”这一形式做出试探性政策安排，与“符号式”的信息传达。习近平总书记2020年4月20日来到柞水县小岭镇金米村调研脱贫攻坚情况。在金米村电子商务中心，习近平总书记走到直播平台前点赞当地特产柞水木耳，同时强调电商对助推乡村振兴的重要作用。对于地方官员而言，这种信息传达与政策导向，将会对其地方治理方式产生显著影响。一种“符号化”的县长助农直播带货，以中央向地方传导的方式，进一步在各地展开。如四川

D县郑副县长所言：

这个事情是政府在主推，从中央到地方，各村镇政府都在推。

四川G县王县长通过引用习近平总书记在陕西省柞水县金米村考察时的话语来表明“县长直播带货”的原因：

电商作为新兴业态，既可以推销农副产品、帮助群众脱贫致富，又可以推动乡村振兴，是大有可为的。

电子商务已经成为助推经济转型升级的新潮流、新风尚，尤其是直播带货，不仅通了销路、活了产业，更富了农民、乐了市民，在疫情防控的当下，一定程度弥补了线下消费的不足，手机成为新农具，直播成为新农活，为脱贫攻坚和乡村振兴注入新活力。当地方认为“县长直播带货”受到中央层面的明确肯定，这一实践则具有融入地方政府工作日程表的“常态化”的可能性。对于部分原本就开创性地投入扶贫直播带货的地方官员而言，中央的“信号”起着促进其进展的作用；对于一些面对农副产业发展受阻与上层指示双重压力且并未尝试过直播电商的地方官员，中央的“信号”对于一些县域可能起着开辟地方新路径的作用，对于另一些则可能引起形式化的趋向。

一方面，部分区县地方官员“直播带货”实践在最初似乎抱有“完成任务”的态度。“直播带货”作为一种必要的工作责任在相关官员之间相互委托。另一方面，至于带货具体“带什么”“怎么带”，也因为任务的突然降临及技能不足而未有准备。

（二）治理模式多样化

（1）多样化的产业发展模式

基于时代趋向、政策导向、疫情压力，县长直播带货在地方政府成为了一种普遍而必要的实践。基于各个区县多样的产业发展模式，“县长直播带货”所谓“带货”就不仅仅局限于销售产品本身。一方面，通过帮助农民和企业销售产品增加收入成为部分县域地方官员“直播带货”的重要原因，另一方面，增加县域知名度以带动第三产业或促进招商引资也成为“县长直播带货”的多样动因的组成部分。

采访中，部分地方官员有着较为明确的“助农增收”的目的。如A县扶贫对口联络员担忧农产品滞销会打击农民种植积极性：

今年是第一个盛产丰收年，若销售不佳，会极大打击老百姓种植桃子的积极性，再加上前几次产业帮扶的不成功，这次若再失败，老百姓还有多少信心？因此必须帮老百姓解决销售问题……在那种情况下，目的就是要把这个产品推销出去。

C县谢副县长则言：

把我们好产品卖出去，让这个市场接受它，让大家去分享它。就是这个目的。

同时，对于一些当地农副产业相对并不发达的区域，县长的“带货”本身并非唯一目的，提高区县的知名度，促进旅游业的发展，鼓励农户进行互联网销售，都是县长直播带货的潜在促进因素。D县郑副县长提道：

我们在介绍产品的过程中，更多的是在介绍D县，包括D县的人文历史文化和当地的一些优势，最终来推动D县发展。

G县王县长直播带货的目的中，除了促进农副产品销售外，更加看重对当地旅游资源的宣传和推广：

我们直播带货的目的不以销售量论英雄，而是借助抖音、拼多多、百度等网络平台推介G县，让更多的朋友走进G县领略川西北高原的无限风光，品尝香甜可口的藏羌美食，感受独具魅力的民族风情，体验新奇别样的旅游特色。

产业模式很大程度影响了县长在直播带货中的销售目的。一些县长在采访中认为，直播带货并非适合自身管辖县域的发展，但是在“直播带货”要求的压力面前，带货时县长并不会过于讲求销售效果，而是作为一种传播契机。由此，推介地方旅游风景则成了更主要的动因。如F区李调研员在采访中提道：

那么本身系企业很小，因为我们F区的主业是搞旅游，所以说农业也不是我们重点关注和重点发展的，就是属于协同发展的一部分，这家企业的规模很小，根本就还没达到微商和线上企业的标准。

从之后内容也可以看出，产业模式通过影响销售目的也将间接影响地方官员在直播过程中的销售策略和表现，由此展现出不同类型的名人化进程。

（2）差异化的电商基础

采访中发现，县域间显示出不均衡的电商基础。一些地区电商基础较为薄弱。如C县任副书记提及该地商家和企业在她2016年刚上任时不擅长运用新技术和新平台，“只搞一些这种很本土的销售模式和方式”。一是由于“觉得麻烦”，二是因为较为分散和薄弱的产业基础，“他们量不大，怕量大的话也跟不上”。D县商务局何局长提到县里培养了三名网红，“有28000个粉丝”。相比之下，一些县域更加重视电商对经济的促进作用。安化县副县长陈灿平在本县建立起电商矩阵，“以离岸孵化中心载体，先后建立天猫安化黑茶旗舰店、京东安化黑茶旗舰店、拼多多安化黑茶旗舰店、抖音安化黑茶旗舰店”，“积极布局网店‘1+N’模式，即一个旗舰店带动一批矩阵店，遏制线上恶性竞争，抱团经营，共同成长，逐步实现所有有流量的地方都会有安化黑茶。”G县王县长则采取了“电子商务作为推动G县经济和社会跨越发展的第一大平台”等措施，G县早在2015年便成为商务部第二批“全国电子商务进农村综合示范县”。

各个区县的电商基础呈现明显的差异化水平，地方政府的组织经验、资源获取能力，在“县长直播带货”过程中成为影响县长“名人化”进程是否顺利的重要因素。这一发展基础一方面影响各区域在首次直播带货时是否选择了有效的平台；另一方面，也在某种程度上影响了政府与平台合作时话语权的分配，如选品、选角等过程的主导权的掌握。

首先，在直播带货平台的选择上，采访涉及的县域中，电商基础较为扎实的县域倾向于直接和淘宝、快手、抖音等大平台合作；而相对电商基础薄弱的地区更可能和地方电视台合作；平台的选择对于没有经验的县长在之后直播进程中顺利与否也产生一定影响。同时，“东西部协作计划”也存在从较为发达的东部引进有效直播带货方式的可能。

安化县副县长陈灿平和G县王县长较早地培养当地的电商发展，在直播带货中有针对性地和淘宝、快手、百度等平台进行合作。陈灿平的采访资料中写道：

陈灿平还直接促成安化县人民政府和阿里巴巴、京东、58集团签订战略合作协议，取得系列成效，与抖音、拼多多官方的战略合作协议也即将签署。……但估计工作可能是第三方邀请的一个平台公司在做。

G县王县长则提到主要选择抖音、拼多多、百度三个平台：

为政府主导的直播带货，平台和商品选择至关重要。今年受新冠肺炎疫情影响，快手、抖音、淘宝直播等平台发布了网络直播帮扶措施。我们经过沟通、甄别、筛选，最终选择抖音、拼多多、百度三大平台，主要原因是这些平台具备良好的渠道优势和平台热度，拥有大品牌效应、大流量引入，能够实现全领域、全年龄消费者覆盖，多范围、多层次向全国网民推介。

相比之下，一些电商基础薄弱的县域，更多地借助当地电视台进行直播带货。如D县郑副县长提道：

有一个问题，这次直播带货牵头是省扶贫移民局和省农业农村搞的，他们的第三方公司是四川电视台，四川电视台在搞带货这个层面跟专业带货平台是有差距的，四川电视台没有经验。所以平台很重要……这个（平台选择）会考虑，我们也一直在考虑。

如F区李调研员提道：

直播平台工作人员给我拿了一叠资料，一点铁皮石斛的资料都没有，全部都是我们F区的区情，都是宣传F区的。

C县谢副县长提到了该县参与直播带货属于“东西部扶贫协作计划”的一部分，在一次市政府统筹举办的“县长带货”直播节上，由浙江省的网络平台公司来组织直播带货，选择的直播平台是淘宝。谢副县长称：

淘宝很专业，之前就开始推广，不断地造势。

其次，我们发现，电商基础是否扎实也影响了“县长直播带货”中合作分工和带货的性质。“直播带货”在许多受访的县域归属招商局/科技局/商经局等专门负责商务的部门统筹负责；即便是政府在参与，但是在与平台合作时，参与度仍然受到限制。

相反，在电商发展较为系统化的G县，王县长则对“县长直播带货”形成涉及部门更广的工作方案：“由县委宣传部、县经信局负责牵头抓总直播带货工作，县经信局、县科农水局负责货源组织，本土企业负责提供产品，积极参与、全力配合直播带货工作，县文旅局负责协调各大景区提供景区门票。”王县长则负责统筹并兼任了直播带货的主角。

（三）身份认知与符号资本

我们在此将“名人化”定义为个体在特定的公共实践的曝光中为受

众所知晓和欣赏，从而拥有说服力的过程。在此定义下，我们认为，县长直播带货在某种意义上是一种“名人化”的过程。当县长们在直播间推销产品，面对其屏幕中形象的可能是几千几万的受众。被大量群众凝视的同时，县长不由自主地在进行自身名人形象的塑造过程：变得更受信任，更具说服力，从而成功地销售出本地企业产品或推介出本地的旅游资源。

布迪厄认为：“符号资本是一种信誉，是赋予那些已经得到足够认同的人的权力。这种权力使他们处在一个能够强化其认同的位置上。”地方官员们一方面拥有作为自有优势的“官员”身份符号，另一方面，他们也倾向于使用不同的符号话语策略，从而对“自有优势”进行加持，形成具有多重信誉的符号资本。同时这一符号话语的运用也体现了不同官员在面对受众时对直播带货中的主观认知。

（1）作为自有优势的“官员”身份符号

地方官员们认知到，“官员”的公信力身份，使自己在竞争激烈的直播带货过程中，能够进入素人网红无法拥有的“快车道”。A县扶贫对口联络员提道：

我觉得优势是大家对官员还是有一种尊敬感、信任感，不管我们长相如何，（如果你要从网红这个角度来说，说不定人家都把我轰下来了）可能这个是我们的优势。

D县郑副县长也认为公信力是政府官员带货的一大优势。

我觉得公信力是最大的优势，因为老百姓都知道我们不是为了卖钱，是为了把地方优质的农产品和产品推广到市场上去，让市场能够享受到更加优质的产品，助推本地社会发展。人家不会相信我们卖假货，卖出去的东西一定是物有所值的。

公信力的天然优势，在直播带货进程中赋予了官员们一种在被尊重和认同层面的社会资本，而这一资本，随之可以转换为经济资本与潜在的政治资本。然而，这一资本只有被恰当地使用，才能发挥其正向效用。

在接受采访的地方政府官员中，除了C县谢副县长拥有曾经作为主持人的工作背景，安化县陈副县长拥有一些媒介经验外，绝大多数并没有接受过专门的直播技能培训。G县王县长在采访中表明对自身技能的担心：

毕业后长期从事规划设计工作，没有舞台表演、影视演绎、网络直播等经验，担心直播效果达不到预期。

F区李调研员则称：

平时通过网络就知道县长带货就是为了卖东西……包括现在的政策我也不知道……我主要是不怎么玩手机，现在眼睛不好。

缺少直播专业技能的补充，部分官员则通过在直播带货过程中展现自己的真诚和亲和力，以增加受众对自己的信任度。A县扶贫对口联络员称：

从来没做过直播，不知道该用什么套路，想到的办法只有真诚。那天之前我也没看过网红直播，到现场纯粹为了介绍产品，可能相对不够成熟。但真诚还是表现出来了，这也是我的一种行事风格。

C县任副书记则称：

我觉得我还是比较适合去搞营销搞推销的，所以跟其他人比起来可能我的这种亲和力，让人家觉得可信度更高一些。

（2）语言应用行为与主观身份认知

县长们选择不同的方式来巩固公信力资本，在此过程中，县长对语言的应用也体现了其对自身身份的认知。

对于长期处于自上而下的政治话语体系中的官员而言，采用“官方话语”成为“多年以来形成的习惯”。如A县扶贫对口联络员在带货中习惯性使用“同志们”的称谓，“同志们赶快下手了，不要光看哟！”，尽管其认为“在我自己心目当中，这种官味气息还是要少一点”，但对于是否使用网络热词，赵副主席认为：

可能会，但是可能也不会刻意地去迎合网络上的一些语言。因为跟我的语言风格、语言体系毕竟不一样，可能还是会以我的这种语言风格为主，但由于经验更丰富一些了，可能会主动设置问题，引导网民。

G县王县长也表示自己“不习惯（用套词），简单的‘套词’偶尔会用，主要是直播助手使用”；F区李调研员在采访中提到自己对网络用语并不熟悉，称呼语是“大家”。

采访对象中，以非网红用语为主的官员，在对于自己角色的认知上，仍然以官员身份为主，在此基础上使自己表现得更接近百姓。如A县扶贫对口联络员所言：

完全没想过要树立自己的政治魅力……大家不会感觉高高在上，在我的语言体系当中没有发号施令的那种语言类型，我比较追求人和人之间的平等和对等，也会体现在我的语言风格当中。

G县王县长在采访中则认为：

网红是以直播带货为职业，而我的主责主业是抓好“发展、民生、稳定”三件大事，直播带货仅仅是客串。直播过程中，时刻把自己作为一名普通网民，实现县长角色的转变，这样才能拉近与网民的距离，更有利于提升直播效果。

F区李调研员言：

没有身份转变，我觉得首先还是要注重我们F区的形象。

与此相反，受访官员中如D县郑副县长、C县任副书记等则将自己置于“网红经济”的背景中，使用诸如“宝宝们”“关注呦”“点赞呦”的网络语言。安化县“网红县长”陈灿平是融入网红语言中的范例，在账号的简介中似乎也能看出这一特点：

6.6本周六晚7：00，抖音携手安化县ZF。超级大福利，大咖连麦！不来你悔！湖南省益阳市安化县副县长！爱茶，信息化助农。

在身份认知方面，陈灿平认为“我低调不了，我是网红，要替乡亲们卖货”；C县任副书记则将自己视为助理：

就跟李佳琦旁边的小助理一样，那天我基本上就没把自己当成一个书记，就当成一个推销产品的推荐员。

总体来看，县长们在直播中的自身角色定位，或选择将自己下沉为百姓，或保留自己的官员身份，或将自己当作网红，或者是推销员、小助理。基于不同的自我身份认知，官员们使用不同的话语体系加持在“公信力”的天然资本上，以期获得受众积极的态度与行为转换。

（3）多元化的情感互动与符号转换

地方官员对自己身份的加持使得受众在接受直播带货中传递信息时，存在着将“政府宣讲”与“个人言说”相混淆的可能性。这意味着，倘若将“县长直播带货”作为一种官民的政治沟通的方式，其将是风险与福利并存的。对于一些竭力想帮助地方农产品滞销的农民卖货的县长们，作为党和国家与百姓间的沟通中介、当地政府的“掌门人”，在直播带货时通过自身的亲切幽默话语的传导，也有利于营造政府的亲民惠民形象；与此同时，在脱贫攻坚的目标下直播带货，也有利于群众对当前政策的了解与参与，由此将一项政府任务在社会集体中达成共识。对于被帮助销售的农民和企业而言，直播带货不仅传达了惠民负责的信息；作为一个表率，也有利于帮助当地商业企业转变思维，拓宽线上销售路径。C县任副书记书记谈到自己直播带货“开化”当地民众的目的和成果：

我们C县的这些平台，这些企业这么几年从来没有哪一个人走出来，这次我想做给他们看，我想让他们知道哪种方式其实对企业来说更有利……包括那天有一个卖茶的女老板，然后她（现在）就开始慢慢在拍视频了。

然而，基于不同地区的发展现状，一些地域的县长并没有将直播带货作为一个发展契机，相反，名人化进程在一些县域以“临时上阵”的方式开展。比如组织内部公务员观看，准备不充分的带货表演……地方政府一方面难以借此向百姓传达积极的信息，另一方面在直播带货中产生无效的内耗。对于被选中销售的企业而言，其产品作为一种“道具”，在低价售卖且少曝光率中也承担着损失的风险。如D县郑副县长所言：

比如我们卖茶就是买5送2，30块钱一袋，买5袋送2袋，卖多了企业也恼火的……从这里赚钱肯定赚不到，通过县长带货让产品的公信力得到提升，因为我们带货的东西，在品质、品位各方面都是当地比较优质的一些产品。大家买回去品尝后，给粉丝和买家留下好印象，便于后续的销售。

而F县李调研员则认为对于企业而言“不存在亏不亏本”：

这也是一种绩效，企业平时就没有广告投入，对于企业来说不存在亏不亏本，因为企业还是很配合，本身就是一个发展中的状态，也想借这个扩大知名度，增加一些影响力，而且销量也不多，后续没有太大的变化。

一些官员在直播带货中的话语符号也显得较为独特。作为政府门面的地方官员在与受众交流时，倘若是通过塑造自己鲜明独特的形象来进行，并以此赋权政府时，身为门面而产生的影响力具有逐渐转移至官员个人本身的可能性。其最终可能作为一个IP形象存在，而这也可能伴随着影响力相应地转移。

县长直播带货作为一种曝光在受众面前的交互行为，既是经济资本转化行为，也是政治资本转化行为。受众对县长直播表现的情感倾向，直接影响了这一转化是否成功。总体而言，受众对县长直播呈现积极态度。如G县王县长提道：

抽奖环节时，当网民都打出“G县、G县，理想之县；到了G县、理想都会实现”“藏羌走廊、多彩G县”让我印象深刻。

A县扶贫对口联络员则表示：

过去有很多人还是对官员有偏见，结果那天活动的时候，我发现大家的提问都是很正面的，有很多人反而说，“到这个时候你都还没吃饭”“赵主席你都还饿着肚子，你吃点东西嘛，你吃点桃子嘛”有的人说“这会儿好热哦，你们在室外的话还是要注意”“你们注意不要生病了”等等，给了很多关怀，也给了很多赞赏。

在直播过程中，部分受访者表示自己无法与受众直接互动，而是由助手协助互动或者是没有相关互动。C县谢副县长则对于直播过程中助手选择一些简单易答的问题，忽略尖酸刻薄却往往能够留下很深很好的印象的问题感到一丝不快，这也体现了县长对促进与群众沟通的愿望：

（直播过程中）我旁边有一个主持人，负责穿针引线，他选择性地（从网友留言板中）提一些问题，因为他有顾虑，这当中我也看不到（留言板），有些问题是尖酸刻薄的，他又怕提出来为难我，所以主持人就忽略了。他选取一些他估计我能够回答的、比较好回答的问题给我，所以这些简单易答的问题都不能给人留下很深刻的印象。

（四）一场基于公信力的消费与加持

作为县长直播带货中的核心符号，“公信力”对于直播的开展起着联结各个主体的效用。在政府和本地企业之间，以公信力为重要砝码开展了一场交易。在此过程中，平台也对双方起了重要的影响。

（1）资本互换：“降价”与“公信力”

对于消费者而言，公信力背书是有吸引力的，它是对出售商品质量的保证。因此，县长带货倾向于增加人们对直播的关注与带货产品的销量。如C县谢副县长所言：

亮一个（身份）牌子，任书记、谢县长来做这个事情（直播带货），我们卖东西绝对没有假货，没有伪劣的货，而且还带了很多优惠，大家信得过，就开始围观去了。

对消费者的吸引意味着促进销售，然而，对于企业而言，其产品被选中为“带货对象”并大量销售并非都能够为企业增加盈利；相反，当直播间产品的售价大幅低于市场价甚至低于成本价时，大量的销售对于企业来说在短期来看是具有损害利益的风险的。尤其当县长直播遵循所谓“淘宝的销售模式”的共识，期望通过打价格战、大幅度降价以促进销售，企业经营效益在短期内可能并无法得到改善。尤其是当价格低至成本之下时，卖得多意味着短期亏损多。

对于亏损承担能力更弱的大部分小企业而言则更是如此，如D县任副书记提道：

我跟谢县长卖东西，量都不敢太大……怕小型企业亏得太多。

因此，对大多数企业而言，通过政府公信力背书并不是为了增加短期内的盈利，而是基于长远效益的考虑选择的一种广告形式。这一观点在采访中得到了支持。如D县郑副县长认为虽然县长直播带货无法让企业收获当下的盈利，但这有利于使得在直播中出现的产品获得公信力，从而促进后续销售。

值得注意的是，平台在企业和政府“资本互换”中扮演着助推角色。一方面，诸如淘宝等大平台开展相关扶贫助农直播计划，如“百万县长书记直播带货计划”，对相关地方政府直播予以支持；另一方面，也存在平台凭借掌握的“流量资本”变相地引导企业在扶贫助农项目中加入的情况。C县任副书记在采访中认为：

其实作为商家，并不愿意花太多？在这方面，但又必须要做，相当于反向推他，如果没有这个销售量，淘宝就不会给你流量，不给你流量，就不会推送你。我两个朋友也是在做这种网上销售，比如说你新开个店铺，你不参加淘宝的培训，或者你不变相地去接受淘宝给你的一些东西，淘宝就不给你流量。

不同于D县郑副县长和F区李调研员，在C县任副书记眼中，这种形式对于参与带货的企业来说是“恶性循环”：

平台给每个商家流量，但给你流量的同时还看你的销售记录，所以平台就专门找这些有旗舰店的商家来做。让你压低价格，提高销售量，其实相当于是个恶性循环。

对于政府而言，“县长直播带货”这一形式本身似乎已经具有积极的政治传播效果。在许多受访官员眼中，这是一种政治形象在时代潮流中的自我革新。F区李调研员是这样认为的：

这体现了县长的一种亲民，改变了原先县领导严谨呆板的形象，我觉得这些方面确实还是应该鼓励。

D县郑副县长肯定了这一形式本身的意义：

政府，包括副县长、县长、县委书记，通过新媒体的方式，向广大老百姓表明了一个态度，就是政府在关心群众，关心老百姓的收入，同时在发展和助推农产业，把我们一些地方的主打产品和产业推广出去，我觉得更多的意义在于这一方面。

同时，通过借助销售企业的货来推广本地的农副产业、旅游业发展。比如在受访官员中，有多名在直播中考虑对城市形象与旅游观光内容的植入。D县郑副县长提道：

在介绍产品过程中，更多的是在介绍D县，包括D县的人文历史文化和当地的一些优势，最终来推动D县发展。

总体来看，企业通过“降价销售”来获得县长们的“公信力背书”以期促进产品长期的销售，县长直播通过“降价加持后的公信力”所产生的双重吸引力增加直播间的曝光度，一方面促进对观众的政治传播，从而改善官民关系；另一方面促进“县长”符号的经济资本转换，推动所管辖县域的旅游业和产业的知名度。从中我们可以看到，在县长直播带货的过程中，企业与政府之间实现了“降价”与“公信力”的资本互换：在成功的县长直播带货实践中，“公信力资本”转移至企业以弥补直播中降价的损失，通过“降价”获得更多关注度的县长直播带货则促进政府绩效与公信力资本的进一步增长。

（2）资本保持：易碎的公信力与风险应对

公信力资本在与企业进行交易时不可避免地存在风险，不论对于企业还是消费者而言，公信力符号的破碎将会阻止一场双赢可能性极大的“资本互换”的持续进行。这一破碎风险可能存在于直播的各个环节，而最终出现的公信力危机，无疑将给政府尤其是作为“门面”出现的县长主播带来或大或小的政治压力。

首先，公信力危机产生于“选品”环节，其中包括“带谁的货，为什么带这家而不带别家”和“它的货是否有品质保障”两方面内容。前者关乎政府公信力在企业中的效用；后者关乎政府公信力在消费者中的信誉。在采访的县长们中，大多在直播带货进程中关注了“选品”对政府公信力的影响。

一方面，一些县长提到由“带谁的货”产生的公权风险。F区李调研员在直播时带的是某企业的铁皮石斛（中草药）。她在事后反思道：

我觉得对企业来说是不是存在着不平等竞争，县长不可能为每个企业都带货。

一些较为谨慎的地方官员通过创立“公共品牌”促进产业的整体化帮扶，同时也较为有效地避免了企业“带货不公”的质疑。如D县郑副县长直播时推广的是由政府注册商标的公共品牌，如“D绿茶”，该区域管辖内的十几家企业只要达到品质和品控，均可以使用该品牌。当初合作方电视台主张推广一个品牌的想法，则在斟酌中被否决：

当初电视台的意思确实是要推某一个公司的品牌，我主张不要推某一个公司的品牌，这样不太好，推D绿茶，推D蜂蜜，要好一些。

同样，王县长所管辖的G县在销售本地樱桃时也使用“公共品牌”这一方式。

另一方面，县长直播带货所带产品的品质以政府公信力担保，这是一种公信力向产品的转移，而劣质的产品，也可能损害公信力本身，从而陷入“双输”境地。由此，产品的品质是公信力的第二个风险来源。带货官员将承担的潜在责任，也让F区李调研员感到忧虑：

县长非专业人员，无法深入了解产品质量。

C县任副书记在采访中表示，自身由于销售产品来自本地因而对风险有所把控，对于某些政府官员带全国各地货品的行为，任副书记认为这可能对政府公权力有潜在危害：

他其实是作为一个政府的层面来出面，他给全国各地带货，如果带得好就算了，但一旦带出问题的话，麻烦就很大。但我跟谢县长我们就给C县带货，比如哪个企业怎么样我们都知根知底，包括这个企业最早的生产线环节怎么样，我们经常要去检查的，也会去了解知晓，把风险点降到最小。

同时，C县谢副县长认为，在副县长、副书记的身份下所代表的产品，具有党委政府的公信力，这种公信力应该被应用于自身所管辖的地域。

基于对公信力风险的考量，产品的好品质在许多县长眼中是保护公信力效力的重要因素，A县扶贫对口联络员提道：

当然产品首先品质要好，因为包含了政府的公信力，如果政府毫无选择地推广一些低质产品，消费者只上一次当，不可能再上二次当，而且这样的话，对整个县长带货行业都是有很大影响的。

因此，多数受访官员提到在直播准备时会进行较严格的品控环节。G县王县长说：

对“线上”“线下”农副产品严格的品控管理；精中选精，优中选优，严格把控，坚决禁止欺客宰客；针对个别坏果，我们第一时间安排了补货，确保网民享受优质甜樱桃。

又如A县扶贫对口联络员所言：

产品是郑州农科所引进的新品种，叫五月翠红桃，特点是比较脆，比较甜，随后我对整个种植过程中的施肥、除虫工艺进行了解，并送检市农产品检测中心，检测农残物为零。

F区谭书记也提道：

（县长带货）品质有保障。县（区）长直播带货，本身就用了政府公信力为商品背书，为了努力带好货，带货者必然会对当地特色农副产品进行更全面的研究和细心的筛查，大大提高了购买者的信心。

其次，县长们也意识到公信力的风险可能存在于直播过程之中。F区谭书记认为直播过程中的“缺点会被无限放大”“任何轻质量、轻细节的产品和服务都逃不过消费者的火眼金睛”，由此更容易对政府造成负面影响。公信力的风险意味着县长在直播“演出”时对自己的角色要进行谨慎地把控，“不能够夸张，因为牛皮吹破是没法收拾的”。C县谢副县长认为，直播当中实事求是是最好的公信力的表现。G县王县长的阐释则更形象地表明了身为政府官员在带货中需要注意的诸多矛盾与平衡点：

首先要讲政治，把握好原则与随意的关系，注重形象，不哗众取宠，不该说的不说，不该做的不做。其次要专业，商品好在哪里？有哪些特点？要从地形地貌、气候、产品品质等专业角度进行解读，增强权威性、说服力。再次要有底蕴，把历史文脉、民风民俗、非遗文化与网络直播相结合，让直播更显文艺味、文化范，网民在选购商品的同时，能够深入了解文化，直播形式有趣味、内容不枯燥，也增强了吸引力。最后要有语言艺术，找准随意与严谨的平衡点，既要兼顾官员的身份，又要拉近与网民的距离，我在第二次直播中转变较大，网民普遍反映幽默、风趣。

对于部分官员，这种约束是一种劣势，A县扶贫对口联络员谈道：

不是很放得开，毕竟身份限制着。（其他）有在现场载歌载舞的，人家有要求，马上就开始唱歌跳舞，放得很开。而我们始终有一个东西把自己包裹起来，这是个劣势。

另一方面，C县王副县长认为这“没什么劣势可言”，而面对这种风险和约束的理想方式则是面对受众时的“实事求是”：

公务员有公务员的形象，有我刚才说的这个站位和角色，如果说这个劣势的话，我们相比于那些商业运作的推荐人（主播）、带货人，可能他们可以把一个事儿天花乱坠地说，可以吹到一种极致，我们只能实事求是。

（五）直播“名人化”推进路径

基于不同区县多样化的产业发展模式、差异化的电商基础和直播过程中的表现，直播带货中地方官员们显示出多样化的“名人化”进程。这一进程究竟是作为政府组织或者是地方区域的形象塑造，还是仅仅代表县长个人的多重身份加持，本研究将直播带货的县长的“名人化”路径区分为以下三种。

（1）“临时上阵应对式”

在“临时上阵应对式”路径中，地方官员被视作地方政府门面的象征符号，进行直播带货。对于他们而言，强制性的带货要求，使其不得不进行一种准备得不够充分的直播带货实践。在这种实践中，直播者关心的可能并非带了多少货，而是这一直播任务是否正确完成，是否符合指标。

此外，一些县长对于网红直播带货的态度，也表明其并非主观期待通过“直播带货”来帮助企业生存，相反，其中更多包含着“任务式应对”的含义，如D县郑副县长所言：

网红直播带货应该也走不远，这是把企业逼得没办法生存了，说白了就是低端销售……我还是那句话，政治导向很重要。

然而，这一“应对”背后不能简单被理解为“敷衍”，事实上，这与地方固有的产业发展模式密切相关。D县郑副县长说：

我个人觉得现在网红经济对扶贫产业来说，形式大于内容。就我们D县而言，农产品其实销售渠道很多，其中优质的农产品，基本上是供不应求，网红经济有一定的助推作用，但还没起到主导作用，包括在扶贫经济里面都没有起到主导作用。

F区的李调研员，“很突然”地接到直播销售地方企业的中草药的要求。尽管李调研员认为“平时我通过网络就知道县长带货肯定就是为了卖东西，带动我们的产业”，但是负责团队准备的资料却并非关于中草药，而是宣传地区情况的资料。

基于上级政府压力下的“形式化”直播带货，产生了“临时上阵应对式”路径，这一路径尽管给予了直播中地方官员相对高的网络曝光率，但由于官员自身以及地方政府的决策协调等不利因素混杂，使这一路径“名人化”进程进展较为不顺。

（2）“个人品牌形象塑造式”

对于许多“新县长”而言，其“下派扶贫”的身份意味着作为在本地政府队伍的非常驻人员，在其任职期间，在遵循官员的基本规范的情况下，其拥有更少的官员身份的约束与更多的自主性。这一自主性使其在直播带货过程中，存在塑造个人品牌形象，进而在离职后进行转型的可能性。这一路径的困难在于，当他/她脱离县长职位后，是否依旧存在在职时基于职位和个人魅力的感召力。而安化县副县长陈灿平的例子则揭示了这一尝试的困难。

陈灿平原为西南民族大学科研处副处长、研究员。2017年被组织下派安化扶贫挂职担任副县长。挂职期满，陈灿平又应当地政府要求留任两年。自2020年3月1日他开始“直播带货”，为了直播，他临时搭建了十几人的团队做客服、电商，每月需要支付十几万元薪水，并由他自掏腰包。他塑造出了“鲜活、亲民、能力强的‘网红县长’”的形象。除此之外，他一方面通过与一些明星以及各地知名网红合作为安化黑茶代言，促进粉丝增长；另一方面，其组建了一个20多人的“全国各地基层干部抖音带货交流”微信群，群公告栏里写着：“各位老师，同仁，咱们可以在群里交流，互助合作，抖音直播带货时代来了，机不可失，交流也是生产力。”

陈灿平在促进了安化黑茶的热销与自身名气高涨的同时，在其他受访县长口中并没有得到十分积极的评价。C县副书记认为陈灿平成功的原因是底下的团队帮他做：

比如说卖茶，要设计很多场景和情节，比如燃爆别人的那个点，要花时间，按道理副县长应该分管很多部门的，时间精力有限……因此就委托团队帮他做。

而C县谢县长也认为“县长”身份的加持是陈灿平能火起来的决定性条件。

陈灿平在接受网易《后厂村7号》采访时表明了自身“名人化”转型路径。他最终会离开安化，“将往 IP方向发展，做一个专业的文创网红。最近他准备出一本书，记录过去三个月做网红县长的点点滴滴”。

这一“个人品牌塑造”式的名人化路径面对的障碍可以在陈灿平的“改名风波”中窥见一斑。他的平台账号叫“陈县长说安化”，在改名为“陈说”两天后，就遭到粉丝的抗议：“你的县长身份为什么不强调？”“你在害怕什么？”“赶紧改回来！”由此改回原名。[①]从“陈县长”到“陈”的转变，似乎象征着从“名官员”向“名个人”的转变。这种转变，事实上从其在带货安化黑茶时设计自己的卡通头像和个性签名时，作为“安化门面”时就极具个人主义色彩。

而安化县政府为留住他的IP营销效应而提出的“陈离任后，授予他荣誉县长称号”，某种程度上有利于他由“名县长”向“名个人”的转变。

（3）“地方助农助产代言式”

一种以政策为导向、紧跟时局发展的“县长直播带货”实践，孕育了县长们作为“地方助农助产代言式”的名人化路径。与“个人品牌形象塑造式”路径不同，常任县长在此前和此后将长期处于当地政府系统，言谈举止受到长期的惯性并受到限制，在直播中更倾向于维护自身的形象。这一路径是否能够持续发展，似乎受政策推动的影响更大。

采访中，许多县长认为自身直播带货是应对疫情危机的短期情况，但并没有采取十分肯定的回答。G县王县长认为自身将更专注于培养专业网红：

我短期无直播带货打算，在今后工作中，由县经信局牵头，一是大力发展网红经济，充分发挥县长直播带货热度，采取“引进来”战略，加强与第三方公司合作，持续开展“网红”直播带货，以农副产品走量为主，拉动农副产品销售。二是大力实施“一城十人”计划，挖掘培育本地优质主播，通过拍摄短视频、自媒体推广等形式，打造G县本地

① https：//tech.163.com/20/0628/10/FG723T8V000999C0.html.

"网红"，推介佳山苹果、红脆李等优质产品，助推群众增收致富。

C县任副书记认为自身带货是疫情的特殊现象：

这次是疫情的原因，所以大家都在做直播，但是随着后面经济恢复，就不会有县长直播了。

A县扶贫对口联络员也认为：

这次我的任务很单纯，这个事情做了过后，今后也不打算再做其他的了，更不会做什么其他生意了。所以我也没再关注其他的平台，之前没看过，之后也不打算看了。

相比之下，C县谢副县长则对"县长直播"有更乐观的期待，但他反复强调：

我还是要遵从组织，要遵从组织原则，所以在这个情况下脱离不了旁边的主持人。

尽管他强调自己"时刻准备着"，但是说起今后计划，他说：

这个情况我们报了一个方案，最后我还不知道领导是否批复，所以没法确认。

"地方助农助产式"名人化路径，是否可能继续，就如谢副县长所言"遵从组织"，取决于"上面"的政策对地方政府的引导。

小 结

在已发布的规范性文件中较为特殊的是，安徽省率先发布的《关于进一步推进网络公益直播活动的通知》这一规范性文件，对领导干部的直播带货活动做出了规范和约束。对于领导干部直播带货的纪律问题，该规范性文件明确指出：“参与网络公益直播活动的党政领导干部，要把握角色定位，注意自身言行，严格遵守有关纪律要求，不得参加任何非公益性质的活动，不得收取任何形式的报酬，不得出现任何损害‘亲清’政商关系的行为，切实维护政府公信力和党政领导干部良好形象。要坚决杜绝形式主义、官僚主义，严格审核把关活动每个环节，防止出现流量注水、销量造假、组织摊派等弄虚作假问题，防止出现只注重形式而不顾实效的问题，确保把好事办好、实事办实。”此外，该规范性文件还从程序规范、产品准入、质量把关、传播监督等几个方面对领导干部直播带货活动做出了规定。

此外，2020年6月19日，一篇关于领导干部直播带货的文章《领导干部走进618电商直播间 带货还需带人带产业》在中纪委官网上发布，文章对领导干部直播带货活动进行了探讨和分析，并且引用了安徽省《关于进一步推进网络公益直播活动的通知》这一规范性文件。

从以上对领导干部直播带货的纪律规范性文件的发布和中纪委官网上探讨领导干部直播带货文章的发布上，我们可以感受到一种政治信号，一种对直播带货行业发展的政治导向的转变——政府对直播带货的治理态度更为坚决。

正如2020年8月28日，国务院扶贫开发领导小组办公室副主任洪天云在讲话中指出，“我们肯定直播带货是个非常好的形式，我们非常鼓励、非常欢迎，而且一些贫困地区的县长、书记还主动站出来直播带货，我们不反对，但是不完全倡导，但是对名人，特别是各个方面在消费者中有影响力、带动力的直播带货相关人士我们是高度肯定和鼓励的。”从中可以发现，对于领导干部直播带货，政府鼓励但不完全倡导，政治态度较为暧昧，政治指向有所改变，这在一定程度上会使县长、书记等领导干部对参与直播带货活动秉承观望态度，也可能对整个直播带货行业的发展有所影响。

作为在当今中国产生的一种特殊的媒介景观，地方官员的直播带货行为展现出了多元化的名人化路径，这一“名人化”过程通过特殊时期的媒介“放大效应”更加鲜活地呈现在我们面前。至于未来是否会有持续性的“直播带货中的县长名人化”过程，我们无法知晓。然而，处于社交媒体时代下，多元的名人化路径或许能够在今后重现、相似或是放大：或许是在又一次的突发危机前，或许在媒介更好地融合入地方政府的治理过程中。我们希望这一初步的路径探索和分类能够对之后的现实有所呼应，亦期待借此抛砖引玉。

第二章

“大网红”与“小流量”

第一节 “大网红”

（一）直播视域下的网红与注意力经济

“直播带货是以主播为中心节点的辐射传播，主播是‘人货场’资源重叠的焦点（肖珺，2020）。”因此，本节重点通过国内外的研究梳理学者们如何将目光放在了直播带货经济链条中“人”的要素——也就是网红身上。

“网红，是指将网络作为成名原始渠道的人（殷俊，2016）。”在中国，网络红人（wanghong/internet celebrity；简称为网红）通常指代在网络上有一定影响力（influences）和小有名气的人（microcelebrity Abidin，2018）。近年来，网红这一群体逐渐专业化和制度化，他们通过诸如广告、电子商务（e-commerce）和打赏（tipping）等丰富多样而又可复制、可盈利的模式将流量变现，并因此受到重视（Abidin，2018；Zhang & de Seta，2018）。以社交媒体为代表的互联网为网红提供了赢得并提高知名度的途径。网红依据个人偏好选择社交媒体作为内容发布的渠道，围绕一定范围内的主题按照一定期限发布相关内容，凭借在该领域的专业性和知识储备受到一定数量富有激情且有参与积极性追随者的追捧，最终实现了声望的积累。网红显著的商业价值是通过影响追随者的消费决策获得的（胡泳，2020）。大量粉丝在极短时间内涌向网红身边掀起了流量热潮，已经成为一种令人瞩目的社会文化现象。在此基础上，多方力量汇聚并参与到网红流量传播的过程中，带动了一系列网红相关产业链的建立健全，而围绕网红建立的商业生态系统——网红经济（wanghong economy）——被认为是中国互联网的下一个经济增节点（economic growth pole）。

对于所谓的网红经济，暂时没有权威的统一定义。潘颖（2019）认为“网红经济”是将互联网流量资源人格化的一系列商业模式和变现模式，实质是“网红”利用其自身影响力来带动庞大的“粉丝”，从而达到流量变现的目的。张小强等（2020）引入社会学理论，认为网红直播带货现象的本质是媒介、消费与身体关系的重构，是一种对网红的去中介化身体消费模式。研究将网红在直播线上的身体编码分为劳动的身体、符号化的身体与交际的身体三个层次。其中劳动的身体通过商品化满足了用户的消费需求；符号的身体超脱于身体与商品的物理意义，向其投射附有特殊意义的消费符号；交际的身体建立情感联系，加强信任关系，引导社会交往，促成消费。相比而言，赵茹、张楠（2016）限定了网红对粉丝的影响范围，认为“网红经济”是指网红借助社交媒体平台聚集人气，依托庞大的粉丝群体进行定向营销，对相应的消费群体的价值观念和生活方式产生特定影响，从而获得实际利益和经济效益。陈清、吴联俊（2020）引入了互联网环境与政府关注的社会背景，着重强调电商领域，认为网红经济是在自媒体蓬勃发展和政府高度关注的情形下，依托于各大网红吸引来的粉丝，通过“人红带货红”的营销传播途径，为电商平台提升销售额的商业模式。周懿瑾等（2020）以实践为导向，基于粉丝经济理论，侧重于网红与粉丝的双向互动关系的确立，通过网络田野观察对直播电商主播与粉丝之间的关系模式进行了梳理。该研究发现伴随着“主播—粉丝”关系的深入，电商主播与粉丝之间存在着“线上导购—顾客”“基于货品的意见领袖—粉丝”“基于内容的意见领袖—粉丝”“偶像—粉丝”四种关系模式。二者关系越深入，粉丝经济就越能发挥出重要加成作用，实现网红经济的商业价值转换。该研究中对“主播—粉丝”关系的层次划分与张小强研究中对身体消费模式的划分有共通之处：粉丝与网红的关系随着消费升级逐步深入，消费内容从劳动到消费符号，最终升级为情感联系的交际，二者关系也过渡为具有高黏性的“偶像—粉丝”关系。

肖珺等（2020），从情绪传播的角度对张小强研究中网红交际的身体这一层次进行了更详尽的说明。他们注意到了直播带货中主播与观众具有的双向传播互动关系，更加强调互动的建构过程。他们以主播的情绪传导对观众的情绪刺激和情感互动作为对象，研究主播如何利用情绪传播刺激消费者进行购买行为，完成商业化的目的。基于情绪传播理论，结合环境心理学，他们认为直播带货中的情绪传播主要包括愉悦情绪、情绪信任、情绪感染与分享、道德情绪和情绪表演五种。

不同学者对网红经济内涵的研究阐述各有侧重，但都以商业利益作为导向，以网红流量的价值变现作为网红经济发展的最终目的。Yilei & Dezheng（2021）将网红经济总结为一种商品化网红对其追随者影响力的商业生态系统。该系统由包括社交媒体、电子商务平台、网红、网红孵化器和机构、线上零售供应链、内容制作、营销服务和数据分析在内的多个部门组成。而网红经济语境中的网红指代一群职业的网络名人（vocational Chinese internet celebrities）：在网络上积聚人气，并有着强烈的动机通过各种模式变现这种网络影响力。

对于网红经济的研究，最终落脚于网红经济的变现模式。不同类型、不同平台的网红因为不同的原因成名，吸引到不同类型的粉丝群体。针对多种形态的受众需求，网红往往会因地制宜地选择不同的变现渠道（王卫兵，2016）。王姿倩（2017）从直接和间接的区别上对网红经济的变现模式进行了区分，直接变现模式可以分为广告、打赏和网红培训三种，间接变现模式主要就是电商变现并可以将特点总结概括为“直播+电商+网红”。Geng，Wang & Chen（2019）认为网红经济主要有两种变现模式：内容广告（content advertising）和线上零售（online retailing）。在前一模式中，企业有偿委托网红宣传（advertise）旗下产品以覆盖更大的（社交媒体）用户群；后一模式中，网红通过电商平台向粉丝中的潜在购买者销售（sell）自主品牌产品（self-branded products）。并且这两种模式中的网红，其为电商平台带去推荐流量（referral traffic）的表现不同。而Yilei & Dezheng（2021）则在上述基础上增加了内容订阅（subscription）和打赏捐赠（tipping/donation）这两种变现模式，并指出网红价值链（wonghong value chains）打通平台之间的隔阂使真实的变现实践呈现出混杂的态势，如淘宝直播便兼具线上零售和打赏的模式。

刘凤军等（2020）则从消费者的购买意愿角度出发，研究了网红对消费者的单向影响力的机制。研究结合了质性研究与定量研究：深度访谈的方法被用于质性研究中，从消费者角度出发，以可信度、吸引力、互动性和专业性四个维度对网红特性进行区分。定量研究则将目光放向了更具受众广泛性的网红直播，利用了爬虫工具获取弹幕数据并进行分析。研究最后发现，消费者对网红自身特性的关注度显著高于对产品特性的关注度，网红特性中的吸引力维度更多被消费者关注，产品特性中的产品质量维度更多被消费者关注。通过问卷调查数据，研究证实了网红信息源特性与消费者购买意向之间存在关联性，并以消费者对购物价值的认知这一变量作为连接桥梁。实用性作为消费者对于购物价值认知的一大维度，与网红信息源特性息息相关，当网红塑造的形象与网红推荐的产品特性相近时，能够起到正向的影响。该研究为网红营销与形象建构提供了理论支撑。

王卫兵（2016）以依托平台与表现形态作为划分依据，认为现代意义上的网红经济模式表现为三种形态：以粉丝为基础的自营品牌电商；依托网络直播平台获得粉丝打赏；更加专业化、规模化的网红经济链条。如今，直播带货领域中网红主播的流量变现路径恰好表现出三种形态的杂糅模式。他们往往依托于专业的网红孵化公司，借助电商直播平台的技术支持如淘宝直播作为主播的身份与粉丝进行直播互动，以直播间向粉丝销售商品获取分红作为流量变现的主要途径。

网红经济链条的构成离不开MCN机构背后的重要助力。MCN公司通过协助博主制作更为精良的内容来获取更多的关注，同时也帮助博主拓展更多的商业模式，例如对接品牌广告、进行软广告内容植入、推出自主品牌的产品等（胡泳，2020）。

MCN机构的爆发式发展吸引了学者研究的注意。郭全中（2020）从历史宏观层面上归纳总结了我国MCN机构的发展动因、现状与趋势，认为我国的MCN机构在经历了基于社交平台的内容型、基于短视频平台的网红型后已经进入了基于电商平台的网红直播带货阶段。采用网红直播带货电商模式的MCN机构着力打造并围绕着网红IP实现商品和粉丝的连接，进而实现商业价值的有效变现，获得了亮眼的商业利益，在未来会受到更多的重视。

在中国，网红的发展历程基本可以归纳总结为三个阶段。第一阶段，以文字为载体的网络写手凭借文学创作成为第一批具有号召力的网络红人；第二阶段，网红进入野蛮生长时期，即使出身草根也可以凭借博人眼球的图片成为红人；第三阶段，依托互联网技术的兴盛完善，视频化的直播成为网红新的扎根地（刘凤军，2020）。部分研究则进一步把重心放在了个别已经在市场实践中获得成功的头部网红，头部网红主播的成功案例是研究的重点对象之一，研究者们以实践为导向，通过对个案的反复挖掘，提取出具有实践性、可供借鉴的普遍性规律与经验。如张大奕（Yilei & Dezheng，2021）、李佳琦（Huang，Vlommaert & Van Praet，2020）等人的身上，试图从这些案例中总结出一般性的、可供复制的经验。

Yilei & Dezheng（2021）以成功孵化张大奕、并由此开创“网红电商”新模式的杭州如涵控股股份有限公司（后文简称“如涵控股”）为研究对象，总结出由“社群—网红—电子商务零售”为主的三角价值链：网红通过生产内容和个人品牌吸引和维持社交媒体粉丝，此后将网红的粉丝引导至网红自有的和/或广告主所有的线上店铺，将粉丝转化为消费者。而在这一价值链中，如涵控股不仅是提供数据分析、公关、人力、市场服务的多渠道网络（multichannel network，MCN），也是直接管理网红商铺供应链及运营的电子商务零售商和培训网红的孵化器。

此后如涵控股的网红孵化模式被大范围模仿，2015年后类似的网红孵化机构如雨后春笋般涌现（郭晓燕，2016）。中国的网红孵化模式逐渐专业化和产业化，孵化出的网红泛滥，网红个人资质也良莠不齐。如涵控股也一直被外界诟病对头部网红的依赖过重（孙吉正，2020）。

由此也验证了Ding，Tang & Wei（2020）学者们的研究，认为在直播带货模式中，网红主播的作用最为重要。主播是否以恰当的方式呈现产品或服务是决定最终有多少观众会购买产品或服务的关键因素。Quan，Choe & Im（2020）则采用了准社交关系和吸引力理论（para-social relationship and attractiveness theory）框架，考察了关系奖励、自我表露、情感互动、信息互动以及直播信息量对购买意向的影响。在他们的研究中，直播互动中的情境因素被纳入了考量。但是，Ding，Tang & Wei（2020）也注意到现有的直播带货模式面临着网红主播专业能力堪忧的瓶颈。

除此之外，部分研究者也注意到网红主播专业能力对于产品推销的重要性，并对网红在直播中运用的话语策略（Huang，Vlommaert & Van Praet，2020）、信息性和叙事性内容（informational and narrative content；Yang & Sia，2020）、准社会互动（para-social interactions；Quan，Choe & Im，2020）进行研究。比如，Yang & Sia（2020）将网红在社交媒体上发布的推广文案分为信息性和叙事性两类，并从信息加工的可能性模型（elaboration likelihood model，ELM）及叙事传播理论（narrative transportation theory）的角度出发，探讨上述两类内容对说服效果产生的影响。

网红主播在直播带货领域表现出了蓬勃的生命力，并成为网红流量变现的重要途径之一。火热的市场背景下也暴露出一系列问题，直播带货网红的异化与规范化管理成为了讨论关注的热点话题。

比如，肖珺等（2020）认为直播带货是情绪传播的过程，主播在此过程中就成为情感劳动者。在智能推荐算法情感的介入下，主播通过情感劳动产生价值。从利益的角度出发，主播在直播中通过情感充沛的、剧本化的情绪表演来打动观众，获得打赏或者商品销售额。从情绪的角度出发，主播为了迎合观众喜好或维护个人形象，需要在直播中控制与管理情绪，不能进行真实的个人情绪表达。在无休止地追求物质价值的过程中，主播会跌入流量数据与商业利益的陷阱，最终丧失了作为人的主体性。

燕道成等（2020）也认同了电商直播中，由于技术、文化因素的介入，也就是肖珺学者观点中算法情感这一要素的介入，人的主体性会被重塑这一观点。但燕道成更多的是从网红主播身体编码的角度进行论述。研究认为视觉文化下的直播带货过程中，主播的身体已经超越了物理意义的肉身与劳动力的概念，更上升为隐喻的身体符号编码中被观众凝视解读、消费的对象，主播的主体性由此被消解。此外，栾轶玫等（2020）在研究中也看到了网红主播丧失作为人的主体性的潜在危机。

研究者引入异化理论，提出网红主播在对人设与商业利益的追求中被人设、资本、平台、市场所奴役而产生了“劳动异化”。栾轶玫观点中的人设奴役与燕道成观点中的身体编码都体现出符号价值对人性的制约。

参考文献

郭晓燕.（2016）.解密网红孵化公司：标配十人年投入百万,三个月不盈利就放弃.新快报.上网日期：2021年3月13日，取自https：//www.thepaper.cn/newsDetail_forward_1469588.

孙吉正.（2020）.如涵“躺枪”张大奕 网红依赖症难解.上网日期：2021年3月13日，取自http：//www.cb.com.cn/index/show/zj/cv/cv13483901260.

殷俊 & 张月月.（2016）.“网红”传播现象分析. 新闻与写作（09），64-66.

胡泳 & 徐辉.（2020）.网红社交资产如何改变商业模式. 新闻界（08），48-56.

刘凤军，孟陆，陈斯允 & 段珅.（2020）.网红直播对消费者购买意愿的影响及其机制研究. 管理学报（01），94-104.

潘颖.（2019）.全媒时代下“网红”3.0的经济模式. 新闻传播（17），30-31.

赵茹 & 张楠.（2016）.解读网红：粉丝聚集与流量变现. 新闻研究导刊（21），21-22.

陈清 & 吴联俊.（2020）.规制俘虏理论视角中的网红经济发展路径及对策. 现代传播（中国传媒大学学报）(08)，129-132&148.

王姿倩.（2017）.新媒体时代网红经济的发展. 传播与版权（03），178-180.

王卫兵.（2016）.网红经济的生成逻辑、伦理反思及规范引导. 求实（08），43-49.

周懿瑾，黄盈佳 & 梁诗敏.（2020）.“粉与被粉”的四重关系：直播带货的粉丝经济探究. 新闻与写作（09），29-35.

肖珺 & 郭苏南.（2020）.算法情感：直播带货中的情绪传播. 新闻与写作（09），5-12.

郭全中.（2020）.MCN机构发展动因、现状、趋势与变现关键研究. 新闻与写作

（03），75-81.

张小强 & 李双.（2020）.网红直播带货：身体、消费与媒介关系在技术平台的多维度重构. 新闻与写作（06），54-60.

燕道成 & 李菲.（2020）.场景·符号·权力：电商直播的视觉景观与价值反思. 现代传播（中国传媒大学学报）(06)，124-129.

栾轶玫 & 张雅琦.（2020）.人设奴役与数字劳工——异化理论视角下的直播带货. 传媒观察（10），19-26.

Abidin, C.（2018）. *Internet celebrity: Understanding fame online*. Emerald Group Publishing.

Geng, R., Wang, S., & Chen, X.（2019）. Internet Celebrity Endorsement: How Internet Celebrities Bring Referral Traffic to E-commerce Sites？ . In *PACIS*（p. 193）.

Hu,M.,& Chaudhry,S. S.(2020). Enhancing consumer engagement in e-commerce live streaming via relational bonds. *Internet Research*.

Quan, Y., Choe, J. S., & Im, I.（2020）. The economics of para-social interactions during live streaming broadcasts: A study of wanghongs. *Asia Pacific Journal of Information Systems*, 30（1），(pp.143-165）.

Yang, W., & Sia, C. L.（2020, July）. Success Factors in Micro-Celebrity Endorsement: The Role of Informational and Narrative Content in Product Recommendation. *In International Conference on Human-Computer Interaction*（pp. 562-575）. Springer, Cham.

Yilei Wang, Dezheng（William）Feng.（2021）History, modernity, and city branding in China: a multimodal critical discourse analysis of Xi' an' s promotional videos on social media. *Social Semiotics* 0: 0,(pp.1-24）.

Zhang, G., & de Seta, G.（2018）. Being "Red" on the Internet. *In Microcelebrity around the globe*. Emerald Publishing Limited.

（二）直播带货产业与“大网红”发展：以李佳琦为例

从2014年短视频元年至今，电子商务从短视频逐渐向直播带货转变。“大网红”的发展历程，也能部分折射出直播带货在我国发展的基本路径。以下为李佳琦2015年至今从化妆品专柜美容顾问转型至美妆主播到最终爆红的发展历程：

表25 李佳琦2015年至今发展历程

时间	标志性事件	影响力
2015	成为欧莱雅BA（化妆品专柜美容顾问）。 大多数顾客并不愿意直接试色柜台的样品口红，他开始尝试用自己的嘴巴为顾客试色，多次获销冠称号。	2015年是短视频元年。线下工作，所以不好统计。
2016	欧莱雅集团与淘宝MCN机构“美One”合作，启动BA（美妆顾问）网红化妆项目。作为BA中销冠的李佳琦获得了参赛资格，在比赛中脱颖而出，最终签约“美One”成为一名美妆达人。开始做一名主播进行直播带货，一个人完成选品、文案、直播等所有工作。因粉丝不多，想过放弃，但最终坚持。	粉丝维持在1000人左右。
2016	一次直播中挑战试口红色，5个小时把十多个品牌的380支口红全部在嘴上试涂了一遍，成交了23000单，成交额达353万元。	粉丝迅速增长至30万。
2017	一举成为当年淘宝直播盛典中的TOP主播。 随后被江苏师范大学聘为淘宝写作与传媒课程讲师。	淘宝内粉丝达到数十万。
2017.9	受邀担任雅加达亚运会火炬手。	年底，粉丝50万左右。
2017年末	月入7位数，年入上千万元。	粉丝1000万。
2018.9	李佳琦成功挑战“30秒涂口红最多人数”的吉尼斯世界纪录，成为涂口红的世界纪录保持者，自此被誉为“口红一哥”。	
2018.11.11	“双十一”与马云PK卖口红，最终战胜马云。	
2018.12	相继开通抖音、小红书、快手等社交账号。 先后合作了小S、奚梦瑶、关晓彤、戚薇等一线明星。	
2019.1	抖音上的一条“李佳琦OMG”的30秒短视频在抖音上广泛流传，迎来粉丝数的大爆发。	这是他第一次走出淘宝，其影响力开始“出圈”。
2019.10.28	李佳琦在一场“今晚这些爆款你都有吗？”的直播中，成为淘宝直播首个粉丝破千万的主播。	13天，粉丝增长近290万。
2019.11.11	“口红一哥”李佳琦开场10秒钟便卖出10000瓶洗面奶。	共有4133万用户在手机端观看淘宝直播。

续表

时间	标志性事件	影响力
2020.1.7	李佳琦走进辽宁扶农助农第一线，进行了一场东北风情的公益直播。在一个半小时的直播中，成交量超过20万单，销售金额超过1000万元。其中，朝阳小米25万斤，丹东产鱼罐头40万罐，风味红肠40万根。直播之外，李佳琦还走进辽宁扶贫第一线，来到沈阳浑南魏家沟村生产合作社，了解农产品品类和销路情况。	
2020.1.24	当晚8点，李佳琦准时在直播间亮相，截止到25日凌晨1点半，为阿里巴巴发起“武汉加油”公益项目。	共筹得捐款7140万元。
2020.2.21	李佳琦参与录制云综艺《嘿！你在干嘛呢》，演示了全套化妆流程。	
2020.4.7	上海妆佳电子商务有限公司申请注册声音商标“oh my god，买它买它！”	
截至2020.7.2	目前总计在抖音发布397条短视频。	李佳琦的抖音粉丝数量4371.61万。

（三）研究方法：非参与式观察与访谈

本研究采取非参与式观察与访谈相结合的方法。

非参与式观察方面，在2020年11月，我们随机选取了10次直播进行观察。之所以选择这一时间段，是由于处于“双十一”期间，大网红在此时的粉丝数通常有质的飞跃，而这时的网红与观众的互动和表演相较于平时更加明显。观察前期，我们参考戈夫曼的拟剧理论，将观察主题划分为前台与后台，并添加了中台，通过日常观看直播的经验讨论出了15个观察时参照的“子主题项”以及对这些主题项的概念解释。“子主题项”如下：妆容搭配（面部、衣服、装饰）、话语分析（词频分析、话语编排）、表演分析（风格、动作、神态）、背景分析（表面背景、音乐）、辅助直播（明星介入、助手介入）、剪辑分析（花字等）、一次直播的在线观看人数图。

深度访谈方面，从2021年1月1日—3月30日，对10位学生采用滚雪球方式，针对曾经观看过直播带货的用户进行了40分钟的线上访谈，过程中进行了录音或者文字记录，随后将访谈内容通过讯飞听见转化为文稿。访谈提纲设计上，除受访者的基本信息，我们把重点放在了三方面：直播观看者的观看习惯、不同网红主播之间的比较、对于前台舞台布置与主播表演的情感感知与偏好元素以及对直播后续的观众与商家的互动情况。

（四）直播带货中的时空关系：前台与后台再定义

作为一个舞台隐喻，戈夫曼把人生视为舞台上的戏剧。处于特定情境定义中的“表演者（们）”在社会前台面对特定的观众营造出一种特定的角色，在后台则更少注意外表和形象的限制。人与人的互动是符号的互动，符号中的意涵由特定的场景所定义。

相较于面对面的日常互动，直播带货的“演出”带有隔着屏幕的虚拟色彩，这种差异主要体现在时间和空间距离两方面。一方面，直播表演者与观众在空间上分离。与日常交往中的“双方在场”不同，直播带货时表演者和观众在空间上具有多种距离。观众之间的物理空间联系消逝，其作为一个个单一个体连接入屏幕，作为整体性的观众概念至少在这一层面减弱了。观众与表演者的物理空间联系同样消失，传统意义上的面对面互动转而通过屏幕来实现。另一方面，直播带货通过网络平台从时间维度缩短了互动的时间距离，作为一对多（少数对多数）的表演与观看而言，其互动更加及时。弹幕的使用以及直播中小助手的加入，这一时间压缩显得更加明显。由此，时间维度对于距离的拉近某种程度上也弥补了一定的空间局限性，其最终产生的效用，我们将在对直播观众的访谈中获得部分理解。

（1）表演者："一级前台"与"二级前台"

直播带货情境下人们物理空间的"非在场"，使得从空间上的每一个参与主体距离拉远了。表演的前台与观众有了空间的距离感，而这一前台接入，从主播角度看是一个摄像机，从观众角度看则是自己的手机/电脑屏幕。我们在此将这一舞台的前台分为"一级前台"与"二级前台"：前者指屏幕中呈现的表演者影像，后者指布景中实在的表演者与舞台设置。

一级前台与后台的联系更加紧密。由于屏幕所能容纳的区域的局限，二级前台与后台在区域上的分隔只是镜头内外的区别。入镜的主播可能一方面在镜头前做出夸张的表情与观众互动，而同时距离镜头不远处就有工作人员递送商品进入二级前台。由于观众实际上距离表演者很远，表演者与后台的实时互动事实上可以和表演者与观众的实时互动同时进行并不被明显地察觉。根据直播的需要，后台向前台的迅速转换，也十分便捷快速。

二级前台意味着前台的可保留与再生产。一级前台随着表演结束而消失，二级前台则具有保留并扩散的可能。部分直播情景被一些观众录制为视频转移到社交平台，从而促进了这一互动在另一个时空进行。这也意味着更大的接触量与下一次实时互动中更多的观众接入。在谈及第一次观看直播带货的缘由时，许多受访者谈到自己通过微博了解：

去年疫情在家的时候才听说，可能李佳琦那时候上热搜比较多，我平时也不太网购，所以是通过微博才知道的。

消费者也提道：

疫情期间比较无聊，所以就打开微博看了一下，微博会发预告，淘宝点进去也能看到，刷首页就能刷到，基本上都是最火的那几个人。

基于一种"随意"与"娱乐"的动机，人们接入"直播带货"场景成为观众，从娱乐进入一种"观看—被观看"与"销售—购买"的双重关系中，从而构成了之后的表演策略与回应的基础。

（2）观众：融合的"前台"与"后台"

直播带货是一种少数对多数的传播活动。镜头前的表演者只有几个或者一个，与此同时，对于"大网红"而言，也许有百万甚至千万级的观众在同时观看这一场"演出"。

首先，对于单个观众而言，其观看行为的流动性很强：可以随时进入，也可随时离场。这一身份的暂时性，意味着"主播—观众"这一角色单元的联系在最初是脆弱的。一些观看直播者观看时会在各个直播间活跃，可以在各种时间中融入多种弱关系单元，并在进入的一秒中形成，在出去的时刻中迅速瓦解。而这种多场景转换的便利性，也是"看直播买货"的"货比三家"的需求。在一些整合直播的软件平台的帮助下，这一便利"参加"与"退出"特定情境的行为也使得观众显得更具有流动性。如受访者谈及自己母亲的观看直播行为时提道：

现在我妈比较内行，每天晚上都看直播。有个App，点进去有当天晚上所有直播，我妈就直接点击窗口进去。看哪家企业都可以，就疯狂切换。

其次，"前台"与"后台"在观众层面接近融合。由于其不必顾及他人在场时自身所扮演的角色问题，因而对观众来说，一般的观看行为似乎不存在出于特定角色产生的礼节约束，或者是需要注重自身举止外表的前台的情境；因此，原本属于后台的放松舒适状态进而演变成了观众前台的常规状态。观众和主播不存在一个需要承诺的契约，出于自身的消费和娱乐需要进入情景，是一个随时随意的举措。如：

后来基本上想到的时候会看看，进去已经几千万人了，看个一小时左右……直播频率我觉得对我来说没多大关系，反正不要太少，我去看的时候基本上会有人在直播。

受访者提到自己随性的观看行为：

反正我看得不会很频繁，我只是会在微博上刷到，如果说看到卖了什么我想买的东西，我才会进去，但是如果我知道会抢夺得很激烈的话，我就懒得进去了。

主播与观众一个处于绷紧的前台，另一个处于舒适的后台；表面上似乎意味着处于后台的观众更具有自由的权力，而这在某种程度也意味着主播的表演更容易渗透无戒备心的观众之中，从而完成利益和权力的转化。

最后，对于观众之间的关系，尽管观众席在不同屏幕之间显得分散，但这在一定程度上可以通过弹幕获得弥补。观众们通过弹幕的互动与观看，也可能获得“团结”感。然而这种感受的产生是因人而异的，并且即使存在往往也并不强烈。受访者中部分观众认为弹幕的存在可以了解他人对产品的评价，也可能成为影响自己购买行为的依据。受访者认为：

想购买的人可以直接在弹幕上发送一些问题，然后可以实时跟主播进行互动和交流。有可能在发弹幕的时候可以有用户跟用户之间的交流。

受访者提道：

会开弹幕看，弹幕是有必要的，也能知道别的用户对该产品的评价。

对于另一部分受访者而言，弹幕所产生的信息并不产生影响。他们虽然会观看直播间的弹幕，但认为弹幕提供的是“垃圾信息”，这对他们而言，是“有没有都没关系”的。

（五）剧班的融合：前台的符号传递与情感输出

直播带货是一个表演者与观众的利益紧密相关的活动。表演者需要通过一套情感输出的仪式努力建立与观众的信任。基于“非现场”而形成的“演员—观众”关系的易瓦解性要求，主播通过更强烈的情感透过一级前台向观众传达，使得一种弱关系向强关系进行转变，从而完成“销售—购买”关系的完成。这一情感输出分为两个部分：一方面是前台表演的戏剧化与可见化；另一方面是后台与第二前台融合形成的“秘密揭露”。在这一部分将从舞台布景与辅助人员、妆容应用与语言动作表达、弹幕的作用和局限性部分，阐述我们在观察与访谈中发现的前台表演的表现及其对观众的影响。

（1）舞台布景与辅助人员

根据2019年对某头部主播“双十一”直播带货观察，我们对二级前台显示出的舞台布景进行三方面分析。在镜头运用方面，直播中采用中近景景别、定镜头（偶尔手动调整）、视听上色彩度较为丰富，声音主要是人声，偶尔会有一些产品自身的声音和镜头外的人声。在剪辑方面，直播中屏幕前没有后期花字，但是在其他平台会有很多直播的二次创作，将直播内容变得更加精简。在背景装饰方面，直播拍摄中运用了三层景深。第一层是主播、小助手和桌子（展示小产品），摆放着小件商品如化妆品、零食；第二层是屏幕前的空地，用来放置较大的产品，同时也借此在现场染头发、试用减肥机和扫地机；第三层是大屏幕，用来展示辅助信息或者特别大的产品，如展示价格对比、电动车等无法试用的商品、在产品信息的间隙展示倒计时等。在背景音乐方面，直播视频中基本没有背景音乐，主要以人声为主。

在访谈中，访谈者以某头部主播口红墙更换为直播间询问受访者态度。大部分人对背景没有强烈的关注和偏好：

我没有太大的想法吧，一开始有可能嫉妒为什么有这么大的口红墙，后来也没有什么特别的想法。

背景的口红墙可以算是他直播间的一种特色，但这个改变其实上对我观看直播没有什么影响。

认为背景对于观看与购买行为不具备影响力。

尽管在直播中会有商店店员、助阵明星、团队中的其他辅助人员存在，我们着重对小助手进行观察并询问了受众对其的印象与态度：小助手作为长期在前台出现的人物，成为一个不可忽视的舞台要素。在“双十一”直播观察中，我们发现小助手主要是协助主播直播，在观察中其具有附和主播、发表硬性的产品信息、现场展示评论区好的评论等角色功能。

小助手的个人特质会影响受访者对其的喜好。如受访者提到自己偏爱某头部主播从前的助理：

小助手，喜欢啊，她会给我发预告，在微信里发预告。我还是比较喜欢以前的小助理，但她现在不在了，以前那个小助理好看。

我觉得小助手是辅助作用，但是说实话，他们的颜值是会影响我对他们的喜爱度的。

另一方面，对于其发挥的功用，受访者中部分认为其可以协助主播加快直播进程、处理弹幕、活跃氛围；另一部分则认为可有可无。

总结来看，舞台布景在给观众的感官上并不发挥显著作用；对于小助手的评价主要集中在对其个人特质的喜好上，与“前台—后台”情景互动没有显著关联。然而，值得注意的是，这一态度来自于受访者作为观众的主观感受；客观影响上，值得通过实验等手段进一步探究。

（2）妆容应用与语言动作表达

妆容可以营造直播的氛围，调动观众的购买心理。适合场景与氛围的妆容让部分观众认为更具有贴合性，也更让人感到舒适。如受访者认为：

我个人认为主播妆发好看就行，不过有一次某主播的武侠造型我印象还蛮深的，首先是很好看，而且也挺适合那次直播的产品，赏心悦目。

谈及随着节日变化妆容的必要性：

觉得随着节日有变化好一点。感觉他们应对的是不同人群，更有针对性一点，感觉会更贴合一点。

认为阳光精神的主播更得她的青睐：

总体我觉得挺好的，除去他有一段时间看起来有点疲惫，其他时候就非常精神。我觉得主播一定要偏阳光一点。

同时，妆容与产品的结合也会激发部分观众的购买欲望：

难得会记得妆容吧，商品穿在主播身上好看的话，可能也会想买。

主播的语言是直播中的关键要素，也是被访者主要关注的内容之一。语言作为关于商品信息的传播途径，对观众对商品的认知以及随后的购买行为发挥重要作用。同时，通过语速的调节和具有紧迫感的语言运用，主播创造出了“直播时间”，进一步将受众融入“购买—销售”的情景之中。最后，通过互动性与关切的语言，主播从情感层面拉进了与观众的心理距离。在此过程中，动作发挥着重要的辅助作用，可以强化或佐证语言的表演向观众的传达。

首先，主播语言是“主体—客体”兼具的商品信息传播渠道，这种主客体并存的角色可以从受访者眼中主播的角色窥见一斑：不仅是“推荐者”，也是“体验者”：

我比较倾向于将她视为一个推荐者。但其实推荐跟体验是非常近的一个关系。她直播的时候会先尝试，之后再做推荐。

某种程度上，这种二元性也是观众信任度的来源。受访者说：

我认为主播是一个推荐者与体验者，只有他将体验过的东西推荐给我，我才会放心。

这种体验者身份某种程度上是一种重要的信任加持。相比于一股脑的推荐，“体验”使得观众认为购买行为相比于淘宝等渠道是更有保障的。

一方面在“试用”的过程中站在观众角度，通过阐述体验来证明产品的可靠性；另一方面站在商家角度，介绍产品的相关信息。当观众认为自己加深了对商品的理解，商品符合自己的想象，更可能购买：

试用必须能让我感到这个产品能给我提供帮助。这一点体现出它的功能是非常好的。我希望他能更好地展现给我这些功能。如果超出或者符合我的想象，我当然很愿意去买。

语言分配给某个商品的时间同样会影响观众对商品的喜好：

他说很长我就不想听了。如果他讲得比较短，我也没有什么印象，可能觉得对他来说这个产品也不是一个很好的卖点，可能他自己也不是很信任这个东西。

其次，主播通过语速与夸张性语言制造出了“直播时间”。“直播时间”一方面迎合了许多观众的“购买期待时间”。受访者中，许多人倾向于速度快的直播，表达了对于进度很慢的带货者的消极态度：

有的直播进度特别慢，可能也会让我对主播的印象大打折扣，让我对他不感兴趣。

快节奏不仅符合部分观众的期待，也更让其认为是符合主播角色和责任的体现：

我不喜欢非常推心置腹的聊天那种。我觉得节奏太慢了，很难受。我主要还是注重于产品本身，我认为主播更像一个推荐者，而不是聊天者。

这与部分观众进入直播已经具有清晰的购买目的有关：

我是有目的地去消费，只想赶紧跳到我想要的那个产品，买到我就退出。

另一方面，"直播时间"也制造了购买行为的紧迫感，这在标志性语言应用上尤为明显。如一些紧迫感的语言"只有这一次""只有今天""只剩下2小时""我现在进入快速模式了哦""秒一个"。

最后，主播的互动性与关切语言拉进与观众的心理距离。如在推荐产品时以自身为例，采用"这是我最爱用的，我妈妈用……""我怀孕的时候一直在用"等手法；在抽奖时则采用"我们许愿吧""信任太难了"等说法。这些话语的应用对于观众对主播的信任具有一定影响。

（3）互动与再互动：弹幕及其局限性

弹幕作为一种直播情境下独特的情感和交流渠道，是主播和观众互动的重要途径。通过对弹幕的回应，主播得以进一步展现自己对观众的关切与亲近，从而增强观众的主体感与对商品的了解。

除了一位因为自己无暇关注认为弹幕没有必要的受访者，大部分受访者认为弹幕的使用是有必要的：

那是有必要的，因为你要和主播进行互动，有什么问题可以直接问，他也可以直接回答。

弹幕是一种实时沟通的渠道，可以跟主播进行实时互动和交流。

然而，即便是开弹幕的受访者也认为头部主播的弹幕不够高效：

头部主播的弹幕量实在是太大了。虽然不够高效，但是有总比没有好。

即便认为开弹幕有必要的受访者，自己也不一定会开弹幕：

弹幕对我的选品没有影响。我不想也不会看弹幕，我觉得它很挡视线，平时不会开。

（六）场景的延伸：信任、圆通与廉价商品

主播塑造的富有信任度的形象不仅通过前台的语言和舞台布景展现，同时通过主动对后台的“可见化”有所加持。这一是表现在后台信息的显露，二是表现为主播作为现实中的“网红”的个人信息的显露。延伸到后台乃至“网红—网民”新情景中的角色关系使观众对于网红更具信任感，并且即便在直播中主播显示出了“表演”行为，也选择“圆

通”。另一方面，由于高质量的廉价商品本身在观众眼中是更加重要的购买因素，大网红在带货过程中具有很大的为商家背书作用。

从某头部主播2019“双十一”直播带货观察中发现，她在直播间放置了可以翻转向电脑的“照妖镜”，在直播的抽奖环节以显示抽奖的随机与公平。这一行为将前台向看不见的后台延伸，某种程度上增加了观众的主体感与信任感。如：

我相信抽奖是公正公平的，就觉得主播很认真对待我们。

另一方面，这种信任感也因为大网红本身的身价标榜而增加。在此主播作为一个“演员”的身份及其作为盈利颇丰的“庞大剧组”一员的身份在观众眼中有所感知。这没有引起观众的不真实感，相反，从理性计算的角度，增强了主播不会作假且没有必要作假的想法：

我觉得没有必要造假，为什么要冒风险去造假？就算没有镜子，我也觉得是真的。

认为口碑使得头部主播造假的可能性更小：

我觉得更重要的应该是对主播的信任，比如说我们可能会偏向于去头部主播的直播间买这些东西，是因为他们是有口碑的。

此外，这种信任通过之后商家的发货行为得到进一步巩固：

商品的发货速度我是很肯定的，我觉得发货速度很快。特别是李佳琦，我买了两次东西都是隔天就到了，与淘宝上的普通购物体验相比，我觉得信赖感更强。

直播在这种情感联系模式下，角色与仪式变得更加松散。表演者给予观众“圆通”的机会，观众对于一些可以接受的差错也选择进行“圆通”。“圆通”在拟剧理论中指代表演者在舞台上营造的形象有疏忽之处时所采取的有意识地忽略的行为。在观看直播带货中，主播尽管呈现出了一些“表演”而非“真实”的迹象，部分受访谈的观众仍然会选择包容，对主播买热搜表示了宽容的态度，并认为这一定程度上方便了自己的观看：

应该就是他们买的热搜，这是为了更多人去看，但是也方便了我，其他都要手动搜，这个点进去就行了。

对于主播在带货过程中看稿背词，表示并不介意：

他们背的内容是一些关于产品的东西，我觉得影响不是很大。因为有时候觉得主播看一下可能是在确认，反而觉得更准确一点。

在直播间购买到自身所需且廉价的商品本身，是大多数观众所关注的购买因素。主播作为商家商品展现出的符号，将一种信任价值带入商品，而商家则以低价格对商品和直播场景进行加持，从而构成了一种较为牢固的“大主播—观众”之间的关系。一方面，大主播对商品进行质量筛选和低价售卖，另一方面，更多的观众对这一直播场景下的主播和后台团队给予信任，从而构成了一种膨胀状态的信任循环。在此，通过直播场景、购买场景、社交新闻等场景的融合，观众不仅产生了对于主播本身的信任，也基于对团队和背后商家的信任，完成了自己的观看和消费行为。

（七）消遣还是计划：观众的消费行为与类型光谱

（1）消遣型观众

观看直播带货是一种具有消费目的的行为。而消遣型观众则将消费本身作为一种消遣方式。对于消遣型观众而言，观看直播或者进行购买是非计划型的，不会提前了解直播中会有什么商品，下单的时候也更倾向于凭借一种“莫名其妙”的直觉，将消费行为“当成娱乐”：

基本上是非计划性的，懒得去看预告，就当娱乐看，看到想买的就买。

对于消遣型观众，主播的语言和情感表达具有很强的说服力，并且将观众的观看行为转化为购买行为。此外，其也更可能看重观看“直播带货”时遇到喜欢的商品时所带来的“意外之喜”：

综合型带货让人有种逛超市的感觉，看着看着你会莫名其妙就下单了。但是如果直播分得很清楚的话，就没有那种意外之喜的感觉。

有时，“直播带货”作为一种线上消费形式，其带有的消遣娱乐色彩可以超过消费本身，成为观看直播的主要目的：

我观看直播大多数是非计划性的，一般情况下都是看到预告有喜欢的东西会去看直播，但有时候因为无聊也会去看。

对于消遣型观众，购买行为也许会带来“捡了大便宜”的快感，但是淘宝店铺以及其他商家同样起着替代作用：

跟普通购物的区别就是感觉捡了大便宜，没有我想买的就去淘宝买也可以。

值得注意的是，大多数观众对于“直播带货”的消费形式的接入大多从“消遣”开始，或者是在微博热搜看到，或者是以淘宝“双十一”购物节活动为契机，抑或是“无聊就打开看一下”。受访者具体描述了自己观看直播带货的缘由：

我觉得大概是在去年“双十一”的时候，或者之前淘宝做活动的时候，会要你去收集那些小豆子赚取经验，就有去看那些直播的，要点进去看个15秒，退出来就会给你一些豆子。

某头部主播的标志性口号“Oh my god”比较出圈，由于他人的推荐而观看了第一次直播，而后转向更符合自身需求的主播频道。

（2）计划型观众

计划型观众倾向于因为事先需要产品本身而观看直播。有目的的消费行为，让一些观众更少关注主播的细节而追求自己喜欢的商品的播放。如：

我觉得我是一个商品型粉丝，我会先在微信公众号里看他们今天播什么产品，然后决定我会不会看直播。我是有目的地去消费，只想赶紧跳到我想要的产品，买完我就关掉。没有退过货，买的都是需要的。

对于有着明确购买目的和计划的观众，直播中主播的表演与情感互动的作用会相对更弱。对于商品之外的要素，对其影响也较弱，有时甚至会引起消极感受：

只要把试用的商品按时放出来就行，每次他们选品也很累，然后我们看着也很累，对我来说就比较无所谓，有想要的再去就行。

受访者谈及自己根据已有需求购买商品：

我会比较理智地消费，不会因为价格低就很心动，一定是我很需要的时候才会去看。基本上都是先想到有什么再去买。

对于计划型观众而言，当一些直播产品不按照原本计划开品而错过观看时，会是略感厌倦的事。

同时，计划型与消遣型并非互相排斥，其有可能在同一个观众中并存，观众根据不同时期的需要选择做消遣娱乐的消费还是计划型的消费。如：

比如说在疫情期间，我觉得可能就是偏消遣型多一点，平时比较正常的时候，我觉得应该是计划型多一点。

在对受访者的访谈中，我们发现某种程度上，每一位受访者都带有消遣型和计划型两种特征，这是一个从娱乐型消费到计划型消费的光谱。除了极少数受访者基本上完全按照计划进行购买行为外，大部分受访者大致按照计划和提前安排购买的也会偶尔进直播间随意地观看；而进直播间消遣娱乐的观众也会根据自己的需求和商品价格优惠进行购买，并且受访者中并不存在较频繁退货者。

讨论与局限

本节研究主要有两方面局限，一方面是受访者年龄过于集中。本次采访对象的年龄集中在20～22岁，不能反映更广泛年龄群体对于大网红直播带货的态度与身处其中的行为。从采访中所了解到的某受访者母亲完全不同的直播消费行为，可以窥见不同群体之间在观看大网红直播带货时的行为差异。另一方面是大网红的探索形式局限。对于主播的研究应用了非介入观察的手法，相比于直接对主播及其团队的深入采访，信息量受到局限。今后的研究可以通过对主播团队的介入观察以及采访等形式对主播与观众的互动进行进一步探索。

第二节　“小流量”

(一)“数字劳工”：互联网时代的劳动、消费与资本

古往今来，有众多学者对“劳动”这一概念提出了自己的见解。马克思率先指出劳动“首先是人和自然之间的过程，是人以自身的活动来中介，调整和控制自然之间的物质交换的过程”[①]。Smythe的研究倾向于马克思主义，提出了“垄断资本主义之下无休闲”的论断，并首创性地将受众看成一种商品。基于此，Livant和Jhally提出观看也可以是一种经

① 马克思：《资本论》(第一卷)，中共中央马克思恩格斯列宁斯大林著作编译局译，人民出版社，2008，第207、208页。转引自汪金汉：《“劳动”如何成为传播？——从“受众商品”到“数字劳工”的范式转变与理论逻辑》，《新闻界》2018年第10期，第56页。

济过程，是一种价值创造的过程。①他们已不单单认为只有生产性劳动才能创造价值。Andrejevic联系福柯的权力监视理论，认为受众在观看的同时也是在被观看，这种被观看也是一种劳动，并在某种程度上也可以理解为监督。②传播政治经济学的代表人物Dan Schiller将劳动分为“劳心”和“劳力”两个部分。与此同时，文化研究学派也关注劳动，但其更关注于“劳心”的部分。③

劳动在不断地创造价值，资本也想更多地拥有价值。因此，众多学者通过对用户生产内容这一社会现象来理解劳动剥削。比如，彼得森关注用户和媒体之间的关系，提出用户在参与媒介并产生内容时，这种参与式的劳动有可能会被剥削。④Terranova也关注用户生产内容这一现象，她指出用户们是“出于寻求与人合作的劳动乐趣”从而使用互联网进行信息生产与传播。⑤由此，所谓“网奴”并非是一种劳工形式，劳工问题也不应仅仅简单地从“资本家剥削”角度来分析，相反，在互联网用户与资本之间存在更为复杂的关系。⑥她将这种劳动概括为“free labor”，明确该劳动在自由的同时也是免费的特性。同时，也有学者认

---

① Jhally，S.& Livant，B.，“Watching as Working：The Valorization of Audience Consciousness”.*Journal of Communication*，vol.36，no.3，1986，pp.124-143. 转引自汪金汉：《“劳动”如何成为传播？——从“受众商品”到“数字劳工”的范式转变与理论逻辑》,《新闻界》2018年第10期，第58页。

② Andrejevic.M.，“The Work of Being Watched：Interactive Media and the Exploitation of Self-Disclosure”*Critical Studies in Media Communication*，vol.19，no.2，2002，pp.230-248. 转引自汪金汉：《“劳动”如何成为传播？——从“受众商品”到“数字劳工”的范式转变与理论逻辑》,《新闻界》2018年第10期，第60页。

③ 汪金汉：《“劳动”如何成为传播？——从“受众商品”到“数字劳工”的范式转变与理论逻辑》,《新闻界》2018年第10期，第61页。

④ Petersen，S.M.，“Loser generated content：from participation to exploitation”.*First Monday*，2008，vol.13，no.3. 转引自汪金汉：《“劳动”如何成为传播？——从“受众商品”到“数字劳工”的范式转变与理论逻辑》,《新闻界》2018年第10期，第60页。

⑤ 吴鼎铭：《“公民记者”的传播政治经济学反思——以“数字劳工”理论为研究视角》,《新闻界》2015年第23期，第6页。

⑥ Terranova，T.，“Free Labor：Producing Culture for the Digital Economy”.*Social Text*，vol.18，no.2，2000，pp.33-58.转引自汪金汉：《“劳动”如何成为传播？——从“受众商品”到“数字劳工”的范式转变与理论逻辑》,《新闻界》2018年第10期，第59页。

为在社交媒体中劳动的自主性遮蔽了劳动这一行为本身，使得其价值更多地转向于创造意义和自由。这种劳动也会给用户带来快乐，虽然这可能只是一种表象。①这种快乐可能是一种表演，基于受众对于服务者的期待，使得用户会根据受众的反馈进行及时的调整，从而积累目前乃至是潜在的受众。②同时也有学者认为，受众在免费劳动中获取的价值更多来自于认可。③在这种参与中受众们表达了自己的诉求，展现了自己的话语权。

下一代互联网的出现，蕴含着重大的社会挑战，这份挑战里包含着对工作场所的重新定义。④基于web2.0的形成，似乎我们每一个人都成为了数字劳工。在互联网所提供的平台里，全体网民共同生产信息，并进行分享，使资本对用户生产内容引发关注，同时也形成了去中心化的社会形态。在这里，可以“利用集体智慧及用户贡献，发挥长尾的力量；信任用户，并把用户作为共同开发者”⑤。尤其是“产消者”的出现意味着媒体的民主化，但同时也意味着人类活动的整体商品化。⑥在互联网平台里，基于技术的不断发展，“有效利用消费者的自助服务和算法上的数据管理，以便能够将触角延伸至整个互联网，延伸至各

① 李彩霞、李霞飞：《从“用户”到“数字劳工”：社交媒体用户的传播政治经济学研究》，《现代传播（中国传媒大学学报）》2019年第2期，第53页。

② Jamie Woodcock，Mark R. Johnson，“The Affective Labor and Performance of Live Streaming on Twitch.tv”. *Television & New Media*，2019，pp.3-4.

③ 汪金汉：《“劳动”如何成为传播？——从“受众商品”到“数字劳工”的范式转变与理论逻辑》，《新闻界》2018年第10期，第62页。

④ 文森特·莫斯可：《数字劳工与下一代互联网》，《全球传媒学刊》2018年第4期，第128页。

⑤ O’Reilly，Tim：“What is Web 2.0？”，2005，http：//www.oreilly.de/artikel/web20.html，2014.9.12. 转引自吴鼎铭：《“公民记者”的传播政治经济学反思——以“数字劳工”理论为研究视角》，《新闻界》2015年第23期，第6页。

⑥ Fuchs，C.，“Labor in Information Capitalism and on the Internet”.*The Information Society*，vol.26，no.3，2010，pp.179-196.转引自汪金汉：《“劳动”如何成为传播？——从“受众商品”到“数字劳工”的范式转变与理论逻辑》，《新闻界》2018年第10期，第60-61页。

个边缘而不仅仅是中心”[①]。大数据构建出网络用户的画像，对受众的偏好、兴趣都有了一个基本的认知，同时对于网络上传播内容、易受欢迎的话题也都有了一个大致的认识，为即将的内容制作精准选择做好市场测量。在互联网平台里，一个个个体化的数据在进行量化和相关性的分析之下，变成了具有交换价值的商业信息。[②]在互联网平台里，企业凭借原有的资金为消费者提供服务，并将由此获得的消费者数据售卖给具有产品服务推广诉求的公司以获取利益。[③]但同时也有学者认为，大数据所建立的互联网虚拟形象是片面的，它不能反映我们真实的自己。因为在算法处理信息的时候，就已经选择了哪些信息可以进入，但这只是我们在互联网世界里所留下的部分痕迹，它覆盖了人为的误差和文化差异。[④]算法被用来管控劳动者的工作，算法逐步代替了人类在绩效管控和人事调动方面的作用。但是忽略了他们的情感，同时算法也并不会动态地考虑周围环境的变化，在某些情况下还会产生出“全景式的分类错误”。为了避免被平台算法所影响，数字劳动者们会倾向于相信他们原有的经验积累。[⑤]

在算法的助力之下，公司的目标和消费者的需求被优先考虑，平台资本也在被不断强化。[⑥]在web2.0所构建的数字时代下，人们更关注于媒体产业链的价值创造，选择去积极探索平台资本的积累模式。在

① O’Reilly，Tim：“What is Web 2.0？”，2005，http：//www.oreilly.de/artikel/web20.html，2014.9.12. 转引自吴鼎铭：《“公民记者”的传播政治经济学反思——以“数字劳工”理论为研究视角》，《新闻界》2015年第23期，第6页。

② 吴鼎铭、石义彬：《“大数据”的传播政治经济学解读——以“数字劳工”理论为研究视角》，《广告大观（理论版）》2014年第6期，第72页。

③ 文森特·莫斯可：《数字劳工与下一代互联网》，《全球传媒学刊》2018年第4期，第129页。

④ 李彩霞、李霞飞：《从“用户”到“数字劳工”：社交媒体用户的传播政治经济学研究》，《现代传播》2019年第2期，第53页。

⑤ Ping Sun，“Your order，their labor：An exploration of algorithms and laboring on food delivery platforms in China”.*Chinese Journal of Communication*，2019，pp.7-12.

⑥ Ping Sun，“Your order，their labor：An exploration of algorithms and laboring on food delivery platforms in China”.*Chinese Journal of Communication*，2019，pp.13-14.

web2.0下，整个媒体体系更像是一个市场，每一份广告都可以被精准地投放。资本家们通过广告投放，促进了商品的快速消费，从而减少了商品的流通时间以及库存成本。这种商品流通的背后其实是将受众意识价值化了。阿维德森认为，与传统的劳动时间“价值化”不同，互联网平台的盈利更多基于平台影响力以及平台与用户之间的情感关系[①]，但Fuchs指出这种分析忽略了劳动，没有考虑到影响和情感同样需要劳动，并且抛开了具体平台资本的积累模式。[②]

基于web2.0也产生了“零工经济”这种新的经济模式，在其之下，“数字劳动者”作为一种新的劳动力也应运而生。Sandoval · Marisol将数字劳动者理解成“将信息与通信技术（ICTs）和数字技术作为生产资料的脑力和体力劳动者、生产者和使用者”[③]的一类群体。Fuchs将马克思主义研究运用到新媒体领域进一步观察，其将数字劳动者理解为是“电子媒介生存、使用以及应用这样集体劳动力中的一部分。数字劳动不是一个确定的职业，他们由他们所服务的产业定义，并且他们在这个行业中受着资本的剥削”[④]。商业资本通过强制性、异化、“产消者”的双重商品化来完成对数字劳动者的剥削。[⑤]但也有学者指出，数字劳动者们只

① 汪金汉：《“劳动”如何成为传播？——从“受众商品”到“数字劳工”的范式转变与理论逻辑》，《新闻界》2018年第10期，第61页。

② Fuchs，C.，“With or Without Marx？ With or Without Capitalism？ A Rejoinder to Adam Arvidsson and Eleanor Colleoni”.*TripleC*，vol.10，no.2，2012，pp.633-645.转引自汪金汉：《“劳动”如何成为传播？——从“受众商品”到“数字劳工”的范式转变与理论逻辑》，《新闻界》2018年第10期，第61页。

③ Sandoval，Marisol，“Foxconned Labour as the Dark Side of the Information Age.” *TripleC*，vol.11，no.2，2013.pp.318-347.转引自姚建华：《零工经济中数字劳工的困境与对策》，《当代传播》2018年第3期，第67页。

④ Fuchs，Christian，*Digital Labor and Karl Marx*.New York：Routledge，2014，pp.4.转引自汪金汉：《“劳动”如何成为传播？——从“受众商品”到“数字劳工”的范式转变与理论逻辑》，《新闻界》2018年第10期，第59页。

⑤ Fuchs，Christian.，Dallas Smythe today：the audience commodity，the digital labour debate，Marxist political economy and critical theory. Prolegomena to a digital labour theory of value. *tripleC*：Open Access Journal for a Global Sustainable Information Society，vol.10，no.2，2012，pp. 692-740.转引自吴鼎铭、石义彬：《“大数据”的传播政治经济学解读——以“数字劳工”理论为研究视角》，《广告大观（理论版）》2014年第6期，第71页。

有出现在网上才能被他们的“社交圈子”所感知到。[①]因此，数字劳动者或许不像姚建华所说的那样，由于网上的工作需要在家独立完成，缺少和他人的接触，而有一种社会隔绝感。[②]在这片web2.0所构建的虚拟空间里，数字劳动者们也找到了属于他们的安身之所。

（二）政府与农民主播：宏观与微观的冲突与融合

（1）市场反哺与现实藩篱

总体来看，衢州市柯城区政府引导农民开展直播带货和当地农民参与直播带货的行为都是顺应直播带货热潮和市场发展趋势的选择。从衢州市柯城区的政府到农民主播，从进入到融入直播带货领域是在“市场反哺”背景下进行的。从对衢州市柯城区江主任的采访中可知，衢州市柯城区政府开展直播带货组织工作萌芽于阿里直播盛典中对直播盛况的了解，扎根于对当地农产品销售现状的市场摸底，最终在农民需求和市场转型要求的推动下将直播带货项目落地生根。与此情况相似，大部分农民主播投身于直播带货行业，是基于互联网时代销售从线下转至线上以及网红经济方兴未艾的时代背景的机遇。如××村农民“山农大飞”在20××年短视频随手一拍获得50万播放量，由此发现直播带货的商机，随即组建团队拍摄短视频和开展直播带货。而××村大学生“多肉小王子”徐晓华在面对多肉（植物）市场份额缩水，同行纷纷入驻直播平台销售多肉的背景下，开展直播带货。同样，淘宝某头部主播帮助本地农产品牌“不老神鸡”带货取得销量，“不老神”线上宣传负责人宋志坚在冲击下正处于转战线上的进程中。挂面世家陈家胜等农民主播在

① 吴鼎铭、石义彬：《“大数据”的传播政治经济学解读——以“数字劳工”理论为研究视角》，《广告大观（理论版）》2014年第6期，第73页。

② 姚建华：《零工经济中数字劳工的困境与对策》，《当代传播》2018年第3期，第67页。

政府的说服下相对被动纳入直播带货架构，他们也在接触直播带货后发现：“直播后不仅是淘宝上卖得多，而且还有本地附近地区的，包括金华义乌，这些地方很多人会到我们衢州玩，到我家里来带点面去。线下也有影响，对我们的销售也会有增长。”

然而，市场反哺在当地政府和农民之间并未产生一致的效果，基于不同层次的预期成果和效益期待，两者之间产生了宏观和微观的现实藩篱。在采访中得知，大部分农民主播将直播带货的目标局限于增加个体营收：如“山农大飞”在采访中提到自己将直播带货“当作一个事业在做”，因此致力于通过有趣的内容吸引粉丝进而增加带货销量；又如“多肉小王子”指出“直播带货是一个刚需，如果不开直播卖货的话，光靠实体这个份额的话是远远不够的”。而衢州市柯城区政府官员则将直播带货视为乡村产业振兴的一个契机，其更加看重直播带货在带动乡村产业振兴和促进产业链整合中的作用。

江主任在采访中提出了在直播带货的推动下将传统农业转型为订单农业、现代农业的方式，并在此基础上形成产业集群的构想。对此她提出了将农业生态圈和产业链进行整合和完善的计划：

如围绕直播，人怎么培养，供应链怎么整合，资源流量怎么导入，如何在平台开展合作。还有配套服务怎么跟进，农产品的包装设计、品牌、内容营销怎么做，线上营销只是一环，围绕直播我们还有很多的环节。

并且江主任对这一模式的推广及其可能产生的效益很有信心：

这种模式推出去，然后把全国各地好的产品导进来，建供应链。然后我们把产品通过培养的农民主播卖出去。最后把一些数据，把一些税收留下来，把人才留下来。所以说是模式走出去，产品拿进来。货品销售出去，最终的数据留下来。

具体到微观层面，从农民主播对其直播带货的描述中可知，衢州市柯城区政府对于直播带货未来成果的宏观期望与具体实施中农民的微观感受并非一致。

首先是当地政府与农民主播就带货可持续性产生的认知偏差。一方面，衢州市柯城区政府希望将乡村直播带货作为长期计划实施，但其并未意识到，农民主播直播带货的持续并非易事：其需要前期大量的积累工作和后期不断的经营和维持。如农产品主播“山农大飞”指出农产品领域的直播带货普遍面临着难以留住观众的问题，“哪怕是几百万的账号，直播间可能也就几十个人”。又如目前凭借直播销售多肉（植物）年利润能够达到百万的徐晓华也在采访中指出了这一行的艰辛与不易：“其实我们从2018年做，粉丝在全网来看虽然不多，但核心的垂直领域粉丝能到15万，也是靠自己不断摸索实践的。”另外，即使衢州当地的农业龙头企业“不老神”在面对线下到线上的转型问题时也存在不小的困难。如其代表宋志坚提到线下转线上需要改变产品的口味、规格、包装，原先服务于线下销售的生产技术和流程都需要为此做出调整，这在一定程度上为转型增加了阻力。这一现状直接导致了其直播带货工作进展缓慢的结果。

其次是基于农民主播数量培育上，虽然衢州市柯城区政府一直积极培育潜在的农民主播，但是不稳定的收入情况仍然导致部分农民主播无法坚持留在直播带货行业。在对农民主播的采访中可以发现这一现象的三点原因。其一，直播带货过程中的销售转化率受到平台定位、粉丝基数、直播内容、产品质量等各种因素的影响，影响因素的多样性导致直播带货的业绩往往具有不稳定性。即使像“山农大飞”这样在抖音平台上拥有22万粉丝的农民主播，在谈到直播带货收入时也指出每场直播的下单率相差很大：“好的时候一天几千，流量差的时候，一天啥都卖不出去。昨天播了直播，因为蛮久没播了，昨天开播卖柚子，就卖了几十单。”其二，部分农民主播指出农产品本身的非标问题导致同一场直播销售的产品有时候也会出现质量参差不齐的情况，这往往会使主播的信誉以及未来的销售成绩受到影响。其三，农产品的佣金一般低于服装、化妆品等其他产品，部分农民主播的收入水平非常有限。因此，不稳定的收入在一定程度上导致了部分农民主播无法坚持直播带货。如“山农大飞”提道：

很多人做到一段时间，就撤出去了。因为直播也好，拍短视频也好，都要花大量精力、人力、时间。如果做了，全身心投入，花了很多精力，但是东西卖不出去，那就坚持不下去了。有些人一个月只能卖3000～4000元，就很难坚持。

由此可知，虽然衢州市柯城区政府期望通过直播带货促进当地经济的跨越式发展，但是农民主播在直播带货过程中遇到的操作性难题却反映出一个现实情况，即衢州市柯城区政府的预期目标要想实现，还需当地政府和农民主播进一步长远的共同努力。正如江主任所意识到的，直播带货项目“需要政府引导、农民主导，然后政府再辅以产业政策、顶层的设计规划去做”。

（2）扶持力度下的错位与反思

对于直播带货这一似乎可以实现“当地政府和农民主播”共赢的体系下，农民主播作为“被鼓励方”的同时也收到了政府的扶持。不同的农民主播得到不同力度的政府支持和优惠政策，这也一定程度导致了农民主播对当地政府在直播带货中扮演角色的多元的看法。

部分农民主播对当地政府的作用给予了积极的肯定。如挂面世家陈家胜的小作坊由于直播带货销量大增，急需扩充产能以满足销售需求，而衢州市柯城区政府也及时施以援手，帮助其扩建了厂房。对此，陈家胜在采访中提道：

新的场地比这边要规范了很多，因为这边是家里的房子改的，那边全部是有机玻璃的阳光房，生产是根据我们做面条的流程、国家政府的生产工艺要求，比现在这个环境好了很多。

又如以创意内容吸引流量的农产品主播“山农大飞”指出通过衢州市柯城区政府组织的直播培训学习到了“非常迫切需要的东西”，因为他在培训课程中意识到了“直播是需要内容生产的”。这一核心理念直接影响到了他之后的直播技巧和发展方向。

另一些农民主播对当地政府在直播带货中的作用给予较为中性的评价。如本身发展已经较为成熟的线下实体店“不老神”作为产品供应商在直播带货中得到当地政府的帮助局限于和带货主播的联结。因此，其代表宋志坚在谈到当地政府在直播带货中的作用时指出“政府只是一个牵头作用，也没有具体的扶持，扶持的可能是技术、培训，给你把衢州所有货源整合起来”。

一些农民主播甚至对当地政府的一些政策提出了较消极的评价。如“多肉小王子”徐晓华认为衢州市柯城区政府的部分政策过于宏观而不切实际，难以真正惠及农民主播：

比如企业卖自己的产品卖到3000万元，奖励10万元。其实如果能卖3000万元的企业可能早就去义乌了，不会在衢州卖的。义乌快递成本价能控制在2块钱，衢州就要5块钱，而且衢州相对来说产业基础并没有义乌那么好，所以我觉得这个政策应该是匹配给一线城市的，而不是衢州。这样的政策推出来衢州是没几个人能享受到的。

徐晓华作为企业主并非没有得到当地政府的帮助，相反，当地政府将1500平方米村集体建的新基地提供给其运营多肉产业。但他同时也是众多受访的农民主播中对当地政府提出意见最犀利的一位。这或许与徐晓华出身广电专业因而与其他农民主播相比对直播带货有更多专业层面的见解有关，另外也可能因为其共产党员的身份让他自觉将自身放置于群众与党的沟通桥梁的位置上，所以他比一般农民主播更习惯于思考政府政策的实效性。正如徐晓华提道，“他们（农民主播）碰到一些困难希望综合到我这边去反映，我们最想提的就是希望给主播个人更多的一些政策和关注”。

（3）生产和销售：新传播方式下的错位理解

作为一种新传播样态下的销售方式，直播带货需要供应端的强力支持。生产和销售之间相互作用，而当地政府和农民对于两者轻重权衡产生了错位理解。一方面，衢州市柯城区政府官员更注重直播带货过程中销售对生产的反哺作用。如衢州市柯城区江主任认为直播带货颠覆了生产与销售的传统关系。她提出通过直播带货可以用销售反哺生产端——首先打通销售渠道，确保销量之后，可以反哺生产：

比如说直播企业，它通过各个平台销售小红薯，全网卖到了第一，当地的企业就可以反哺，用销售去反哺到生产端。接下去可以联系一个村，把它打造成专业的小红薯村。那这小红薯村生产出来的小红薯专门给它供货就好了。因为已经有销售出口了，销售打通了，现在做成全国第一小红薯。那小红薯肯定要有人供货，谁供呢？产业链就延伸出来了。比如万田乡某某村专门做小红薯村，可能下一个村就专门做玉米村，那整个产业块状经济就起来了。

因此江主任认为借助直播带货有机会让农业发展成订单农业、现代农业的方式，即通过增加销量来推动扩产能，由此带动乡村振兴。

另一方面，对于农民主播而言，当地政府更应该关注实体企业的生产发展。“多肉小王子”徐晓华就在采访中清晰地表露了这一观点：

其实对我们来说，我们希望政府不仅要关注主播的培养，更要关注我们乡村的小作坊、小企业的发展。我们的口号是一年培养1万个主播，但这1万个主播培养出来之后卖什么也很关键。乡村振兴要发展，我觉得光培养主播是没有用的，最终也是要靠乡村经济的发展，乡村经济的发展就是乡村企业的发展，乡村企业的发展要靠的一个是自我成长，一个是政府的推动。

此外，挂面世家陈家胜和“不老神”代表宋志坚也指出了生产对销售的重要影响。如陈家胜指出德门龙店铺直播频率不高最主要的原因是制面作坊“产量供不上”。他在采访中提道：

我们现在产量还太低，根本不敢对接。很多抖音上的人找我们说要给带货，想卖我的产品，但其实我自己卖的话今年可能都不够，所以不敢跟他们对接……如果产量供得上来，线上我们也会把它做起来。

又如“不老神”代表宋志坚指出目前其公司没有成立直播团队的一个重要原因是生产端没有做好线下转线上的准备：

对于内部来说就是身子大了，转身比较慢。线下有一套成熟的机制，不光是说把产品搬到线上来卖就可以了，要牵扯到很多产品口味、产品包装、加工厂的生产技术、生产流程等，都要改动。

究其所言，宋志坚认为直播带货的成功依赖于企业为满足消费者需求所做的产品生产的调整。因此，对于衢州市柯城区政府大力推进直播带货工作的努力，宋志坚评价其“只是一个牵头作用”，具体工作就是“把衢州所有货源整合起来”，而对于更为重要的企业生产则缺少实质性的指导和帮助。

（三）农民与平台：流量枷锁与身份重塑

（1）农民身份和乡土情结

直播带货在农民主体之间呈现出不同程度的身份重塑作用，这种塑造的强度和方向与农民群体内部原本存在的异质性有关。这一差异可以表现为农民主体的直播前的创业经历：从“田间耕作的农民转化为主播”与“在异地打拼多日返村创业直播”这两种经历，会呈现出不尽相同的直播路径和直播目标。根据采访观察，我们根据同一主体对“主播”和“农民”两种身份展现出的不同程度的认同，将这些主播分为“活性农民主播”与“惰性农民主播”。前者在直播生态中积极地进行身份转换，在直播内容方面处于从“自产自销”[①]式直播向“他产我销”[②]的流变状态，在直播货品方面则呈现从单一品类走向多元的趋势。后者

① 自产自销，即农民通过直播带货销售自家生产的农产品。

② 他产我销，即农民脱离生产链，以他人生产物为直播带货对象，进行直播带货活动。

在直播带货行动更倾向于被动的身份重塑，更依赖于政府、市场等外界因素的推动而形成不同以往的新销售形式。

在采访对象中，“山农大飞”（男，万田村农民）和“多肉小王子”徐晓华（男，万田村返乡大学生）属于典型的“活性农民主播”。2019年2月，“山农大飞”在抖音平台首次拍摄的关于田间拔生姜的短视频获得50万点击率，此后其借助短视频打赏机制获得部分收益。

2019年9月，“山农大飞”通过微信报名参加政府联合“村播学院”举办的直播带货培训，在此期间开始直播卖货，如今其已形成较为稳定的“他产我销”的销售形式：不仅卖农产品，也通过直播销售各种生活用品。主播身份象征在“山农大飞”身上程度加深，同时，随着“山农大飞”逐渐减少农产品在其直播带货中的份额，并出于孩子学习的原因搬离乡村，其农民身份象征部分也呈现出淡化趋势。“多肉小王子”徐晓华也属于一名“活性农民主播”，其正处于积极从卖多肉植物转型扩展业务的过程中。“多肉小王子”原为一名广电专业的大学生，2015年返乡创业，在村子里建大棚卖多肉植物，从微信推广逐渐过渡到短视频宣传，2019年下半年由于区政府推广将多肉植物搬进了直播间。与“山农大飞”有所差异的是，尽管“多肉小王子”有着趋高的主播身份与趋低的农民身份，其同时还具有作为小企业主的多重身份加持以及持续转型进而跃升至其他产业的倾向。在采访中，“多肉小王子”一方面将自己视为小企业主，把做直播看作产业生存的过程；另一方面他也对未来用短视频和直播加民宿的互联网推广做出展望，希望在做直播的同时在将来成为一名民宿主。作为一位毕业返乡的大学生，其“农民身份”定位已经淡化，而是在“农民当主播，手机变农具，直播变农活”的政府村直播宣传口径下，默认自己的“农民”身份。

“惰性农民主播”以采访中的陈家胜（男，农民）与宋志坚（男，农村熟食企业“不老神”鸡员工）为代表。宋志坚也是“村播学院”的一位成员，他在本地农食品牌“不老神鸡”负责电商运营。伴随企业线下至线上线下联动的转型，宋志坚在直播带货中看到了一点希望。然而“不老神鸡”作为传统农业企业，“对于内部来说就是身子大了，转身比较慢”，宋志坚虽然有信心做好，但是却不确定是否能得到公司高层的支持，因此在直播方面处于转型缓慢的过程。陈家胜曾在上海等地打工，于2010年左右返乡经营自家90多年本地老字号的挂面作坊，取名为德门龙，致力于将德门龙挂面“做成正儿八经”的企业。陈家胜进入直播带货行业是颇为被动的，当谈起政府组织培训直播带货询问其参加意愿时，他说道：

政府打电话过来，让去学习一下，尝试一下新的营销方法。记得我那一次也是蛮忙的，去的时候还迟到了，后面就学了半天，第二天马上拉上去直播，感觉蛮紧张的。

然而，对直播销售扩大品牌知名度的期待以及自身想做大企业的心愿还是让陈家胜顺应了在政府主推下的乡村带货潮流，只是在具体的直播带货上，其并没有显示出如“活性主播”的规范化和专业化的趋势。根据对陈家胜的采访，这部分由于其生产的挂面产量无法达到频繁开直播的货量，部分也由于其对于直播带货的心理定位：

直播其实是互联网销售的一个内容，我是一个做产品的，在衢州我们的挂面也有特色，收入也比只做直播的农民主播多……我是专注于做好产品的理念，尽力做到面条里的极致。

由此可见，对于陈家胜而言，直播带货的经历对其与其挂面生意并未产生关乎生计的影响，主播身份并没有如在“山农大飞”和“多肉小王子”身上一样具有较深的烙印。其首要身份依旧是农民，是一种植根于乡村社会的掌柜式身份象征。正如他在采访中谈到对自身身份的认识：

我们都是老百姓，也都是农民，而主播需要专业培养……中国的发展离不开农民，我们中国很多大企业家都是从农民出身的。每个人都有自己的理想和小目标，我觉得只要朝着自己的小目标行动坚持，就感觉人生没有遗憾。我做主播的时候可能把自己看作是面条掌柜的身份。

“山农大飞”提到自己的卖货实践时表现出主观上对农民身份的认可以及对“尽管几乎已经脱离的”该群体的责任感：

我感觉我任何时候都是个农民。农产品出来的时候我一定是在卖农产品的。我觉得虽然赚的钱不多，但是作为一个农民，卖农产品本来就是应该做的事情。

这种身份的认同除了来自一种多年浸润于乡村共同体中的依恋情感，也是直播中日渐形塑的结果：对于最初以农民主播身份面向直播平台观众的主播而言，卖农产品总是显得合情合理。采访中“山农大飞”说：

农产品也是比较好卖的，因为在产地卖，可信度比较高，销售量容易提升，农民主播本身受信度也会随之提高。

乡村情感的纽带即便在产生了一批新兴农民主播的情况下仍然得到某种程度的展现。这种情感纽带是双向的。一方面，其存在于普通农民对农民主播的支持。“山农大飞”提到，自己如今已经居住在城区并不常回老家，然而在其直播间中，"常常会有村里的人在我的直播间里出现，会和我聊天，有时候也会买东西"。另一方面，其也存在于农民主播对其他农民的关切，"多肉小王子"强调自身党员身份，认为需要带领老百姓增收致富，包括把先进思想传递给老党员、老农民。农民主播对于农民的关切，也是一种对乡村作为一个紧密联系的社会的关切和珍惜。陈家胜提起直播带货对农民的益处时提道：

原本外出打工的人通过学直播带货或者受益于企业线上销售扩大可以不再外出，在村里，赚到一块就一块，一家人住在一起还能相互照顾。这样村里人钱袋都会鼓鼓的，而不会花在租房、在外吃饭等在外打工不可避免的开销上，挣到的钱都是实实在在的。

总体而言，无论是基于经济上帮助扩大就业，或是思想上的传递帮助，还是通过支持老乡直播的情感交流，在地理上和心理上都有利于呼唤乡村密切人际关系在新时代下的回归，这也是农民主播群体基于乡土文化相异于商业主播所特有的联结力与整合力的体现。

（2）淘系的天花板：农民主播的带货能力与角色转化

众多的电商平台中，淘宝占据着优势突出的位置。数据显示，2018年淘宝直播有81个直播间购买转化率超过50%。① "多肉小王子"认为：

基于淘宝受众自带的购买属性以及由此形成的高转化率特质，淘系直播成为农民主播直播带货的主要渠道。然而，淘系平台严格的流量推荐机制，使得农民主播难以逾越跃升的天花板。处于平台的最底层，农

① 毛清清：《基于淘宝直播的内容营销研究》，《广西质量监督导报》2019年第1期，第169页。

民主播难以在平台巨额利润中分得一份合理体面的收入。

淘宝直播的流量推荐机制严格，基于主播的带货能力分配流量。根据淘宝的平台机制，初注册的主播可以获得十四天的流量扶持，然而，“山农大飞”认为：

平台扶持力度小，也就是推荐十几二十个人，如果流量推给你却卖不了东西，就不会再给你推流量，因为你产生不了效益。

注册后的主播级别会根据带货能力逐级升高，级别越高流量推荐越多，然而对于缺少长期系统性学习、缺少专业团队的众多农民主播，在严格的流量推送机制下很难真正获得大量粉丝并由此在淘系直播中占有一席之地。尽管已经存在政府联合“村播学院”对农民主播进行培训，但其实只是“师傅领进门，修行靠个人”。如“村播学院”唐老师所言：

直播入门其实挺容易，但是要提升还是很麻烦，包括立人设，一些性格上的特色展现，包括垂直类产品的选择，本身直播间氛围的呈现，都是很细的东西，不是自己一个人玩得转的。

难以跃升的天花板之上，是自带明星和网红光环并具有强大直播团队的高级带货者。带货者占有流量优势意味着占有更多的注意力和更大的销售量，随之而来的则是淘宝商家出于商业利益最自然的反应：给予强带货者更低的价格促成高成交量，甚至不惜在价格亏本的情况下借助直播扩大自己的品牌知名度。强带货者或许是除了平台之外的这场直播带货游戏的赢家，从高流量到高选品质量以及更低价格再到基于粉丝信任的更高流量形成了积极的正循环，而这种循环，则是普通的农民主播难以想象和实现的。衢州卤味品牌“不老神鸡”的电商负责人宋志坚在采访中提道：

有些主播可能没有这么大的粉丝基数，产品价格也没有优势，因为只有头部主播才能跟商家杀价。比如这只鸡我卖100元一只，大主播叫我给他60元，我可能会给，但100万粉丝的主播叫我给他60元，我可能就给不了，因为我不知道卖得动还是卖不动，价格没有头部主播这么大的优势，所以销量可能就没那么大。

（3）内容创作与流量积累：抖音平台机制与剩余价值剥夺

抖音平台的推荐机制是基于去中心化的智能推荐，视频上传后，无论是否有粉丝，作品质量如何，在根据平台检验不违规的情况下平台会进行一个随机推荐，新视频流量分发以附近、关注和好友为主，初级流量池为200 ~ 500左右的流量。依照视频在流量池中的表现，数据好的视频就会进入到更高一级的流量池，从而获得更多流量。当账号运营时间变长，发布视频会产生相应的标签，标签化的处理会吸引平台计算出有相应爱好的抖音用户。

对于农民主播而言，这种去中心化机制相比淘系直播不存在一个不可逾越的天花板，相反，只要他/她有一天做出了点击量极高的作品，就可以短时间积累大量粉丝。“山农大飞”对抖音机制有切身的体会：

抖音取决于你的内容，比如今天没火明天没火，大后天也可能火的。随手拍视频，大家都很喜欢，你就火了。我拍的第一个抖音视频，拔生姜的视频，获得了50万的点击率，评论区还问是什么东西。

平台能够给农民主播带来可见的好处，相比于从前农产品被廉价收购的境地，平台能给予农民更多自主性。正如陈家胜所言：

很多主播，一年能赚几十万上百万元，全国各地有很多主播，赚钱的有很多。对于农民主播来说，本来只能等着收购商收购，但是现在自己能播能卖，就不用等着收购，也许还顺便帮亲戚朋友卖了。

对平台是美好的创造财富之地的信念，让农民主播愿意投入抖音平台，但实际上这面临着困难：作为平常人，农民主播从零开始的粉丝积累是具有挑战性的。这一较为漫长且充满不确定性的过程意味着在实现较为可观的变现之前，农民需要预支大量创作成本，这种预支使得农民主播在进入抖音生境前就需要花费大量时间和精力，许多人也因此往往不能顺利“熬到成功”。

作为坚持在直播领域的农民主播，想要获取平台流量分配，就要尽可能创造优质内容，吸引受众注意力。做出优质内容不止靠一期两期的内容，需要众多的积累。陈家胜如是说：

现在做短视频和直播的人越来越多，流量就这么些，如果不是很有创意的题材，有多少人会帮你转发关注？

由此，缺少头部和腰部主播的机构和团队支持，农民主播最重要的可依赖之物是其内容创造的结果。为通过优质内容获取流量和粉丝，不可避免的是投入大量的时间与劳动。“山农大飞”这样讲述自己拍摄短视频的历程：

其实我拍短视频真的是非常花精力，费脑筋，而且是费时间的。首先你要有一个大概的思维框架出来，然后开始写脚本。脚本可能是我们团队的几个人坐在一起讨论，这句话该怎么讲，这个动作该怎么做，总共可能要花掉两三个小时。把脚本写好之后，我们就按照脚本每一个角度每一句话去拍摄。

对于成功进入抖音生态的带货农民主播，粉丝累积至一二十万算是较为成功的突围。然而，即便如此，一方面，这一类农民主播直播带货的收益一方面并非可观：作为当地小有名气的网红“山农大飞”，一个月赚几万元已经算是较好的情况，但相比一些头部直播来说，其认为这样的收入也是算少的。另一方面，农民主播面临着收入的不稳定性，而这种不稳定性根据农民主播不同的带货类型有所差异。

作为销售类目较为垂直的“多肉小王子”，由于拥有购买意向单一的顾客群体（多肉爱好者），收入相比之下更为稳定，然而，同质化的抖音内容产品竞争使其脱颖而出从而获取更可观的收入也成为困难。如其所说：

收入还算是比较稳定的，但是也要看我们同类目的商家开播的频率，如果他们都不开播就我们开播的话，我们流量会非常好。像今年上半年疫情期间，很多云南商家不能开播因为他们回不去基地，我们当时的数据就特别好；现在都开播了我们的数据就很一般了。

“山农大飞”与“多肉小王子”不同，由于销售范围较为广泛，视频标签并不像垂直类目销售一般稳定，从而对视频流量产生负面影响。“山农大飞”谈起自己的经历：

好的时候一天赚几千元，流量差的时候，一天啥都卖不出去。昨天播了直播，开卖柚子，就卖了几十单。因为太久没有播，平台不给流量。

这一种基于权力不平衡的收入不稳定性在“山农大飞”眼中是很自然的，“你为平台创造更多效益，平台就给你更多流量”。他仍然认为这与传统的线下商贩没有很大不同：“就像街边小超市，生意有好也有不好的时候。”面对没有流量的状况，“山农大飞”会选择维护好原有“铁粉”：

1000个铁粉，你就可以在直播间生存下去。因为一天50单、30单，也够生活了。

访谈过程中，农民主播对平台很少有抱怨。平台固有的机制政策，是这一平台对主播耗费了大量时间和精力创造的短视频的剩余价值剥夺的基本条件，离农民主播太近，但又似乎十分遥远。其仿佛是处于另一个宇宙的远程操控机，投置给农民主播一个对平台美好而合理化的想象，即便对固有机制有所意识并产生不满，也会自我否定从而放弃对平台的批驳。在现实情况下，农民将平台的制度性不平等造成的影响转移到更加可见可感的政府上。访谈中“多肉小王子”这样评价助农活动：

虽然开播5分钟就下播了，但数据伤害很大。因为我们卖多肉植物，所有的多肉植物爱好者在刷的时候都有可能刷到我们，系统默认我们是多肉植物频道的，但有一场卖农产品可能就排在农产品频道了，人家买多肉植物就刷不到你了。

讨论与总结

农民主播的身份基于其平台化的发展和政府的治理处于动态的流变状态。活性农民主播和惰性农民主播依照自身对直播带货不同的期待以及所经历的不同发展路径呈现出在“农民”和“主播”双重身份不同程度的转变。前者有更大的从“农民”身份向“主播”身份转移的趋向，后者相比之下“农民”身份更加固化。从主观情感上看，向主播身份的转变并没有对乡村的情感纽带带来很大程度的割裂，某种意义上，通过促进部分农民工返乡以及原有剩余劳动力通过直播带货贴补家用，也是在城市吞噬乡村的现代化进程中维系乡村的生存方式。

反之，平台在农民直播带货过程中构造了一种“蜜糖的想象”。一方面，农民主播在平台中感受到了主体创造性的愉悦，另一方面，一些基于一定运气以及技术的农民主播，的确获得了比原先境遇下更可观的收入。与此同时，基于平台制定政策所产生的平台对农民主播创造性劳动成果剩余价值的剥削，以及农民主播在这一政策机制下收入总体较少且极为不稳定的现状，在被部分农民主播意识到的同时却通过其自身的合理化想象后被接受了。相比驳斥平台的剥削，他们更愿意从政府或者自身寻找原因。由此，在政府、平台与农民主播三者互动中，基于这一“蜜糖的想象”，平台可以很大程度免于农民主播的驳斥。驳斥被转向可观可感的政府，平台从而成为一个农民主播眼中具有潜在获利机遇的客观平台存在。对于经济实力相对较弱的地方政府而言，庞大的平台并不是可以比肩应对的，而这一实力不平等的情况加剧了平台对在三者合作中，自身的合理化想象以及利益揽收，这期间的利益不仅包括经济利益上的，也包括由合作产生的自身名誉上的。

对于上述情况，笔者认为当地政府可以从帮助农民主播进行身份转变和加强对平台流量规则的监督两个方面采取措施。首先，农民主播身份在平台化发展和政府支持下是流动且不稳定的，这是其作为平台劳动化创造的结果。而政府不仅可以通过联合专业机构开设“村播学院”对农民主播开展专业化培训帮助其提升直播带货的技能，更能通过对当地生态圈和产业链的规划来促进直播带货助推产业经济的发展。从衢州市柯城区政府在当地实施“一基地、一街区、一馆、一园区”，“四个一”的统筹计划中便能看到政府在这方面的努力和成效。此外，对于平台利用掌控者的有利角色对农民主播的创造性劳动进行利益盘剥的问题，政府可以通过对平台流量规则的监督来促进直播带货的利益划分合理化。

最后，尽管前文提到，从身份认同的主观认知来看，农民主播的身份会产生微妙变化并没有消磨其对自身农民身份的认同。然而，从客观角度来看，脱离传统意义上农民身份的农民主播在身份上是否和原有乡村文化有产生冲突之处呢？其次，尽管衢州市政府在做出村播项目时打出“农民当主播，手机变农具，直播变农活”的宣传口号，但是实际涵盖的受众却包括了从事农业劳动的、个体小商户、规模较大的农产品企业等诸多范围。由于针对的群体异质性较强，政策却相对统一，那么上述农民与政府之间基于流量损耗的矛盾，是否也与农民主播本身不同的类型相关呢？而政府在村播规划中是否应该进一步制定更具有针对性的直播类目政策与扶持计划呢？这些问题值得我们进一步探索。